LES 1001 SECRETS DES JEUX OLYMPIQUES

Direction éditoriale : Stéphane Chabenat
Éditrice : Coralie Delvigne
Conception graphique et mise en pages : Soft Office
Conception couverture : olo.éditions

Les Éditions de l'**Opportun**
16, rue Dupetit-Thouars
75003 Paris
www.editionsopportun.com

Sophie DUBOIS-COLLET

LES 1001 SECRETS DES JEUX OLYMPIQUES

Opportunéditions

À mon père, dont la préférence allait
à Churchill et son « No sport », mais avec qui
j'ai passé des moments merveilleux à regarder
les Jeux olympiques à la télévision.

SOMMAIRE

Préface 9

À L'ORIGINE 11

LES JEUX OLYMPIQUES MODERNES 33

LES VILLES D'ACCUEIL 67

LES DISCIPLINES 109

LES ATHLÈTES 135

LES JEUX PARALYMPIQUES 193

LES JEUX OLYMPIQUES D'HIVER 227

LES JEUX OLYMPIQUES D'ÉTÉ 243

Bibliographie 245

PRÉFACE

Le plus frustrant est certainement de penser que de nombreuses personnes ne sont pas citées dans ce livre, mais comment être exhaustive ?

Au cours de la longue histoire des Jeux olympiques, il y a eu tant d'athlètes et d'autres protagonistes qui ont apporté leur pierre à l'édifice de ce plus grand événement sportif au monde.

Paris, pour la troisième fois, accueillera les Jeux olympiques d'été, un siècle après ceux de 1924, et pour la première fois, les Jeux paralympiques. Une nouvelle page se tourne, il ne reste plus qu'à l'écrire.

À L'ORIGINE

Dans la Grèce antique, tout était extrêmement codifié. Les rites et les pratiques religieuses polythéistes jouaient un rôle important au quotidien. Les Grecs vénéraient leurs dieux au point de créer des manifestations culturelles ou sportives pour les honorer.
Ce fut le cas des jeux Olympiques dont l'origine oscille entre la mythologie et l'histoire, mais reste toujours attachée à Zeus, le dieu suprême.

Iphitos et l'oracle

En 884 avant notre ère, Iphitos, roi d'Élide, avait demandé à la Pythie, une prophétesse inspirée par Apollon, comment la Grèce pouvait se libérer de la peste et mettre fin à la guerre contre Sparte. L'oracle de Delphes lui conseilla de remettre à l'honneur les jeux Olympiques. C'est ce qu'il fit en instaurant de surcroît une trêve sacrée qui suspendait toute guerre pendant la durée des Jeux.

Une histoire de dieux

On raconte aussi que les jeux Olympiques furent inventés par Héraclès de l'Ida, l'un des Dactyles, divinités mineures localisées autour du mont Ida de Troade, du mont Ida de Crète et d'Olympie. Un autre mythe dit qu'on les doit à Zeus, dieu suprême du panthéon grec. Il les aurait créés en mémoire de sa lutte pour le trône de l'Olympe avec Kronos, l'un des Titans. Enfin, un troisième raconte qu'Héraclès aurait choisi la ville d'Olympie afin d'honorer Zeus après son expédition victorieuse contre Augias. Ce roi d'Élide possédait d'immenses écuries dont le nettoyage, selon la mythologie, faisait partie des douze travaux d'Héraclès.

Exception fête

Alors qu'aucune femme ne pouvait entrer dans le sanctuaire où l'on acceptait seulement des jeunes filles, la prêtresse de Déméter, déesse de l'agriculture et de la fertilité, était admise aux jeux Olympiques et siégeait sur son autel, face aux juges.

Une ville construite pour le sport

La ville d'Olympie était adaptée pour accueillir les Jeux. Le temple de Zeus faisait face à celui d'Héra et au centre se trouvait l'autel de Zeus où l'on procédait au sacrifice. À l'ouest, la palestre abritait les épreuves de saut et les combats, et juste à côté le gymnase accueillait celles de lancer. Le stade, utilisé pour les courses, se situait à l'est, près de l'hippodrome. Le siège du Conseil olympique, composé de plusieurs bâtiments, était au sud, avec vue sur le temple de Zeus.

Date officielle

C'est à partir de 776 avant notre ère que les noms des vainqueurs furent répertoriés et gravés dans la pierre. Année que les historiens retiennent comme date officielle des premiers jeux Olympiques. Ils se déroulaient de la fin juillet au début du mois de septembre, à l'époque de la pleine lune, tous les quatre ans.

Un mot et des épreuves

Le mot « athlète » vient du grec « *âthlos* » qui signifie *prix, récompense*, mais aussi *lutte* et *combat*. Une racine que l'on retrouve dans les mots *biathlon* – deux épreuves –, *triathlon* – trois épreuves –, *pentathlon* – cinq épreuves –, *heptathlon* – sept épreuves – et *décathlon* – dix épreuves.

Une unité de longueur

Chez les Grecs, le mot *stade* désignait la longueur de la piste de course, environ 192,20 mètres, soit d'après la légende, 600 fois le pied d'Héraclès qui mesurait 32 centimètres.

De l'épreuve aux épreuves

Au VIIIe siècle avant notre ère, les jeux Olympiques ne comportaient qu'une seule épreuve, le stadion ou la course du stade. De nouvelles épreuves apparurent au fil des années. Entre les VIIe et Ve siècles, on en comptait déjà une dizaine, parmi lesquelles le *dolichos*, une course longue de 24 stades ; la course des hoplitodromes, une course en armes qui, à la différence des autres épreuves, ne se disputait pas nu. Les athlètes portaient un casque et les gerbes du fantassin hoplite – le soldat d'infanterie grec – qui a donné son nom à la course se courant sur une longueur de deux stades, à Olympie. Il y avait également quelques sports de combat comme la lutte, le pugilat et le pancrace, ainsi que des courses de chars à quatre chevaux, les quadriges, puis à deux chevaux, les biges, et les courses de cavaliers seuls.

Guerre en suspens

Les Grecs se retrouvaient tous les ans dans l'un des quatre grands sanctuaires panhelléniques, à Delphes, Corinthe, Némée ou Olympie, pour participer à des concours sportifs et musicaux en l'honneur du dieu du sanctuaire. Les jeux Olympiques étaient les plus renommés, et pendant toute la durée des Jeux, les Grecs arrêtaient de faire la guerre. C'était un messager qui était chargé d'annoncer la nouvelle à la population.

Pas de rigolade

Trente jours avant le début des épreuves olympiques, les athlètes partaient à Élis, une ville située à 57 kilomètres d'Olympie. Ils suivaient un entraînement sportif intensif et un régime alimentaire strict composé de bouillie de froment, de fromage frais, de noix, de figues sèches et de pain d'orge. Ils étaient sous la surveillance des hellanodices, les juges, qui sélectionnaient ceux qui auraient le droit de concourir. Ils repartaient à pied deux jours avant l'ouverture des Jeux et étaient soutenus par la foule jusqu'à leur arrivée au sanctuaire d'Olympie.

Lauriers et oliviers

Dans l'Antiquité, les vainqueurs des premiers Jeux pythiques étaient coiffés d'une couronne de laurier. Cette pratique allait d'ailleurs donner le mot « lauréat ». Par la suite, les athlètes victorieux reçurent une couronne d'olivier faite d'un rameau taillé sur l'arbre sacré qui se trouvait derrière le temple de Zeus, à Olympie.

Sept jours de Jeux

À l'époque antique, le premier jour, à l'ouverture des Jeux, il y avait une grande procession et l'on faisait des sacrifices à Zeus et à Héra. Les athlètes prêtaient serment de ne commettre aucune faute, sur l'autel de Zeus. Du deuxième au sixième jour se déroulaient les épreuves de course à pied, de course en armes, de lutte, de pugilat, de pancrace, un sport de combat durant lequel tous les coups étaient permis. Il y avait également des courses sur chevaux, des courses de chars et l'épreuve du pentathlon comprenant course, saut, lancer du disque et du javelot. Le septième jour, on distribuait les récompenses et un banquet était donné pour les vainqueurs et les organisateurs des Jeux, marquant ainsi leur clôture.

Des entrailles au drapeau

À la cérémonie d'ouverture des jeux Olympiques antiques, les athlètes prêtaient serment devant la statue de Zeus, sur les entrailles d'un animal sacrifié. Aujourd'hui, ils le font sur le drapeau olympique.

Sans survêt

Dans l'Antiquité, les athlètes grecs s'enduisaient le corps d'huile, de sable, et participaient à la plupart des épreuves sportives complètement nus.

Aux petits soins

Comme en témoigne l'iconographie de plusieurs vases, pour conserver leur souplesse, les athlètes se faisaient masser le dos avec de l'huile avant et après les épreuves.

Premier des premiers

D'après les textes anciens, le premier champion olympique, en 776 avant J.-C., serait un cuisinier nommé Corèbe (Koroïbos), originaire d'Élis, une cité grecque située au nord-ouest du Péloponnèse. Il fut le vainqueur de la seule épreuve qui était une course pédestre, le stadion, d'environ 193 mètres.

Une merveilleuse statue

À l'intérieur du temple de Zeus trônait une immense statue chryséléphantine, c'est-à-dire en or et en ivoire, réalisée par le sculpteur athénien Phidias vers 436 avant notre ère, à Olympie. Elle représentait Zeus assis sur son trône et était considérée comme la troisième des sept merveilles du monde. Elle fut déplacée à Constantinople où elle rejoignit la collection de Lausos, un eunuque byzantin, chambellan de l'empereur romain Théodose II, mais fut détruite par un incendie en 475.

Du beau monde

On raconte que Socrate, Pythagore, Hérodote ou Thémistocle auraient assisté à des jeux Olympiques. Le philosophe Platon, autre célébrité de l'Antiquité, aurait même remporté l'épreuve de pancrace, un sport de combat, à deux reprises.

La victoire est féminine

Fille du roi de Sparte Archidamos II, la princesse Cynisca fut la première femme à remporter un prix aux jeux Olympiques. Elle gagna la course de chars à quatre chevaux en 396 et en 392 avant notre ère, en tant qu'entraîneuse et propriétaire des chevaux.

Les dieux du stade

Chez les Grecs, les vainqueurs des Jeux étaient considérés comme les élus des dieux et même parfois comme des dieux. Outre la couronne d'olivier tressée qui les récompensait, il arrivait que l'on dresse une statue en leur mémoire.

Code de conduite

Afin de faire respecter les règles des Jeux, les hellanodices étaient assistés de *rhabdouchoi*, des fonctionnaires de police équipés de baguettes et chargés de fouetter ceux qui commettaient des infractions, et des *alytai*, surveillants de police. Tous veillaient scrupuleusement, entre autres, à ce que pendant les Jeux aucun athlète ne tue son adversaire – volontairement ou non –, car cela était interdit. Lorsque cela se produisait, le meurtrier perdait alors son prix et recevait une amende.

Amendes honorables

Les Grecs ne badinaient pas avec le règlement. Les tricheurs étaient immédiatement exclus des Jeux, et ce pour le restant de leur vie, et quiconque tentait de corrompre les juges recevait des coups de fouet, puis devait payer une amende. L'argent était utilisé pour réaliser des statues de Zeus, en bronze, les Zanes. On les plaçait dans le sanctuaire d'Olympie, près des trésors, les édifices votifs, pour rappeler aux athlètes que les Jeux devaient se dérouler sans tricherie.

Réclamations

Les athlètes n'avaient pas le droit de contester la décision des arbitres en public. S'ils étaient mécontents, ils devaient faire appel devant le Sénat. Lorsque la décision était jugée injuste, les sénateurs l'annulaient et les arbitres étaient punis.

Quand costaud est un euphémisme

En vingt-quatre ans – entre 540 et 516 avant notre ère –, le lutteur Milon de Crotone remporta six titres olympiques et devint un des sportifs les plus titrés. Considérés comme égaux à ceux d'un dieu, ses exploits et sa force légendaire étaient célébrés par les poètes. On racontait qu'un jour, il avait tué un bœuf et qu'après l'avoir porté sur ses épaules, il l'avait dévoré dans la journée.

Gentleman tricheur

Alcibiade est l'un des plus fameux tricheurs des Jeux de l'Antiquité. Ce général athénien, élevé par Périclès, dont il était le neveu par sa mère, et élève de Socrate, était remarqué pour sa beauté. Il participa aux Jeux de 416 avant notre ère et engagea sept chars et leurs auriges dans le téthrippon et le synoris. Trois d'entre eux arrivèrent dans les quatre premiers et c'est, telle était la règle, Alcibiade, leur propriétaire, qui fut récompensé. À peine était-il couronné de laurier qu'on l'accusa de tricherie. Il offrit un fabuleux banquet à la clôture qui apaisa les esprits. Les Grecs regardaient à l'affronter car comme l'écrivait Plutarque dans *Les Vies parallèles* : « [...] ses dons, ses chorégies, sa munificence sans mesure envers la cité, la gloire de ses ancêtres, la force de son discours, sa beauté, la force de son corps, sa vigueur acquise bravement contre l'ennemi, faisaient que les

Athéniens lui concédaient tout le reste et le supportaient avec mesure, donnant toujours à ses fautes les noms les plus doux, n'y voyant qu'enfantillages et rivalité. » Malgré tous ces éloges à son égard, Alcibiade fut assassiné en 404, sur l'ordre du gouverneur de Perse. Le même Plutarque balaiera d'une main les reproches que l'on pouvait lui faire et mettra ce meurtre sur le compte d'une famille déshonorée par ses frasques amoureuses.

Une femme (dé)culottée

Les femmes n'avaient pas le droit de participer aux jeux Olympiques antiques ni même d'y assister, sous peine d'être condamnées à mort. On raconte qu'une seule brava cet interdit, Kallipáteira, qui était issue d'une famille d'athlètes. Elle se serait déguisée en homme pour voir courir son fils, mais au moment où il gagna, elle aurait couru pour aller le féliciter et ses vêtements se seraient pris dans une barrière. Compte tenu de sa célèbre famille, elle ne fut pas réprimandée.

Champion du record

Léonidas de Rhodes, coureur à pied, obtint douze victoires en trois olympiades entre 164 et 152 avant notre ère. Ce record fut conservé jusqu'en 2016, lorsque le nageur américain Michael Phelps obtint treize médailles d'or en épreuve individuelle, en quatre éditions.

Veni, vidi mais pas vraiment *vici*

Passionné de sport, l'empereur Néron participa aux jeux Olympiques de 67. Il fit ajouter des épreuves de musique et de poésie, disciplines dans lesquelles il excellait. Afin de s'assurer de gagner toutes les épreuves, il distribua généreusement des sesterces aux organisateurs et aux arbitres. Néron remporta sans difficulté la course de chars, car les athlètes, craignant d'être exécutés en cas de victoire, n'avaient pas osé se confronter à lui. Les arbitres fermèrent même les yeux sur le fait que l'empereur était ivre et qu'il avait chuté deux fois de son char avant de franchir la ligne d'arrivée.

Prohibitus ludo

En 392, l'empereur Théodore Ier proclama le christianisme religion officielle de l'Empire romain et prohiba les autres cultes. Un peu moins d'un an plus tard, il interdit l'organisation des jeux Olympiques qui, selon lui, favorisaient la diffusion du paganisme. Ils ne seraient rétablis qu'en 1896.

Catastrophes en série

En 395, Alaric, roi des Wisigoths, ordonna à ses hommes de dévaster le sanctuaire d'Olympie, puis en 426, l'empereur romain Théodose II fit incendier le temple de Zeus. Enfin, des tremblements de terre en 522 et 551 achevèrent de mettre le sanctuaire en ruines.

À la recherche du site antique

Moine bénédictin, savant et antiquaire, ce qui a son époque signifiait archéologue, Bernard de Montfaucon est l'auteur, entre autres, de plusieurs volumes de *L'Antiquité expliquée et représentée en figures*. C'est lui qui, en 1723, explora le site d'Olympie en compagnie de l'archevêque de Corfou.

Fouilles archéologiques

Grand Prix de Rome, en 1821, et pensionnaire de la villa Médicis jusqu'en 1826, Guillaume Abel Blouet fut nommé deux ans plus tard à la tête de la section d'architecture et de sculpture de l'expédition scientifique de Morée, en Grèce, mandatée par l'Institut de France. En 1829, il découvrit l'emplacement du temple de Zeus avant de repartir à Paris terminer l'arc de triomphe de l'Étoile.

De découverte en découverte

C'est l'historien et archéologue allemand Ernst Curtius qui obtint du gouvernement grec les droits de fouilles exclusifs du sanctuaire d'Olympie. Entre 1875 et 1881, son équipe mit notamment au jour le grand autel de Zeus, le temple d'Héra et le site du stade olympique. Au siècle suivant, les fouilles furent poursuivies sous la direction de Carl Diem, qui dirigeait alors l'Institut international olympique de Berlin.

Site protégé

Le site archéologique d'Olympie est classé au patrimoine mondial de l'Unesco depuis 1989.

LES JEUX OLYMPIQUES MODERNES

Les fouilles de Pompéi et d'Herculanum, au milieu du XVIIIe siècle, vont faire naître un intérêt sans précédent pour l'Antiquité. La période est largement représentée dans les œuvres des peintres néo-classiques à l'instar de Jacques-Louis David qui peint, par exemple, *Le Serment des Horaces* ou Jean-Auguste-Dominique Ingres, *L'Apothéose d'Homère*. Dans cette mouvance commence à graviter l'idée de créer des événements permettant de faire revivre le passé.

Quelques Jeux, sur le modèle grec, font leurs balbutiements dans plusieurs pays d'Europe, mais c'est le baron Pierre de Coubertin, historien de formation, qui donnera un nouvel essor, de façon pérenne, aux Jeux olympiques.

Les Jeux du séminaire

En 1832, au petit séminaire du Rondeau, près de Grenoble, les élèves proposent au directeur Ernest Crochat d'organiser des «Jeux olympiques du Rondeau». Ils écrivent une charte de ce que sera «la promenade olympique». Sur le modèle antique, course à pied, lancer du disque et concours littéraire sont inscrits au programme. Les Jeux perdurent toutes les années bissextiles, jusqu'en 1905. L'année suivante, ils sont transférés à Montfleury dans l'ancien couvent dominicain. La dernière édition aura lieu en 1954. Parmi les lauréats, en 1849, on comptera un certain Henri Didon à qui l'on devra plus tard la devise «*Citius, altius, fortius*» (plus vite, plus haut, plus fort).

C'était avant

La découverte de l'emplacement du temple de Zeus à Olympie déclenche un regain d'intérêt pour l'Antiquité grecque. En 1834, année où le gouvernement grec quitte Nauplie, l'ancienne capitale, pour s'installer à Athènes, le professeur Gustav Johann Schartau à l'idée de créer des «Jeux olympiques scandinaves», en Suède. Au programme: lutte, saut en hauteur, course de vitesse. Les Jeux auront aussi lieu en 1836, à Ramlösa.

L'Antiquité à domicile

Evángelos Záppas, un riche commerçant d'Épire, qui s'était illustré dans la guerre d'indépendance grecque, demanda au roi Othon Ier l'autorisation d'organiser des « concours olympiques ». La première édition se déroula en 1859, trente-sept ans avant la naissance des Jeux olympiques modernes.

British Olympism

Pour surfer sur la vague de l'Antiquité grecque, à la mode jusque dans la peinture, le chirurgien et botaniste William Penny Brookes constitue un comité olympique et organise en 1860 à Much Wenlock, dans le Shropshire, un comté des Midlands de l'Ouest, le premier « Festival olympique » qu'il tient à ouvrir à la classe ouvrière. Au programme : équitation, cricket, course à pied, natation et même des déclamations poétiques à l'intention des femmes. Les Jeux rencontreront du succès et seront réitérés. En 1889, il y invitera le baron Pierre de Coubertin. Brookes mourra quatre mois avant la première olympiade de l'ère moderne.

Arbitre avant tout

Quatre ans avant l'ouverture des Jeux olympiques de l'ère moderne, Pierre de Coubertin arbitra la finale du premier championnat de France de rugby à XV, le 20 mars 1892. Le Racing Club de France s'imposa 4 à 3 devant le Stade français. Ce sport apparaîtra pour la première fois aux Jeux olympiques de 1900.

Sportif accompli

Pierre de Coubertin pratiquait la boxe, l'escrime, l'équitation, l'aviron et fut sept fois champion de France de tir au pistolet. Un sport qu'il imposa dès la première olympiade de l'ère moderne, en 1896.

IL Y AVAIT LONGTEMPS

Mille cinq cents ans après les derniers Jeux antiques, le 23 juin 1894, lors du congrès international athlétique de Paris, à l'université de la Sorbonne, sous l'impulsion de Pierre de Coubertin, le Comité international olympique (CIO) est créé et les Jeux olympiques rétablis. Athènes est sélectionnée pour accueillir la première édition.

D'APOLLON À FAURÉ

Durant ce congrès, on joua un hymne à Apollon, un chant grec du IIe siècle avant notre ère, qui avait été découvert à Delphes, un an plus tôt, gravé sur une des assises du trésor des Athéniens, par l'École française d'Athènes. Le texte fut harmonisé par le compositeur Gabriel Fauré.

Organigramme

Le Mouvement olympique est constitué du CIO, des fédérations internationales (FI) de sports et des comités nationaux olympiques (CNO), ainsi que de l'ensemble des organisations reconnaissant l'autorité du CIO, comme les athlètes, les juges et arbitres ou le comité d'organisation des Jeux olympiques (Cojo). La Charte olympique stipule que : « le but du Mouvement olympique est de contribuer à la construction d'un monde meilleur et pacifique en éduquant la jeunesse par le biais d'une pratique sportive en accord avec l'olympisme et ses valeurs. »

Hiérarchie

Ce sont les fédérations internationales qui organisent les qualifications et le comité national olympique (CNO) du pays pour lequel concourt l'athlète qui se charge ensuite de sa sélection et de son inscription aux Jeux olympiques.

D'Albert le Grand aux JO

La devise des Jeux olympiques est « *Citius, altius, fortius* », plus vite, plus haut, plus fort. On la doit à Henri Didon, un prêtre dominicain, prieur et proviseur du collège Albert-le-Grand, à Arcueil, dans le Val-de-Marne. Le religieux, connu pour promouvoir le sport, fut contacté par Pierre de Coubertin afin qu'il lui apporte son appui pour organiser des rencontres avec des établissements laïcs. Le 13 janvier 1891, le collège Albert-Le-Grand rencontra un collège laïc et pour l'occasion Henri Didon fit broder les mots, qui allaient devenir bientôt la devise olympique, sur le drapeau de l'école. Aujourd'hui, à la demande de Thomas Bach, président du CIO, on a ajouté à ces trois mots, « ensemble ».

Aux Jeux, citoyens

Dans l'Antiquité, les Jeux étaient réservés aux citoyens grecs masculins et libres, c'est-à-dire qui avaient notamment le droit de vote et de prendre part au gouvernement. Dès leur création, les Jeux de l'ère moderne, eux, furent ouverts au monde entier. En 1896 à Athènes, on comptait 2415 concourants venus de quatorze pays différents : le Chili, les États-Unis, l'Allemagne, l'Autriche, la Bulgarie, le Danemark, la France, la Grande-Bretagne, la Grèce, la Hongrie, l'Italie, la Suède, la Suisse et l'Australie. Les délégations les plus nombreuses étaient celles de la Grèce, l'Allemagne, les États-Unis, la France et la Grande-Bretagne avec dix athlètes et plus.

Laïcité

Si dans l'Antiquité les Jeux étaient dédiés aux dieux, Pierre de Coubertin a souhaité que les Jeux modernes soient laïcs. La règle 50 de la Charte olympique, intitulée « Publicité, démonstration, propagande » stipule qu'« aucune sorte de démonstration ou de propagande politique, religieuse ou raciale n'est autorisée dans un lieu, site ou autre emplacement olympique. »

Monsieur marathon

L'idée d'organiser une épreuve de marathon aux Jeux d'Athènes, en 1896, a été suggérée à Pierre de Coubertin par Michel Bréal, membre de l'Académie des Inscriptions et Belles-Lettres, linguiste et fondateur de la sémantique. Il s'est inspiré de l'histoire et d'une légende. En 490 avant notre ère, Miltiade le Jeune vainquit l'armée du roi perse Darius Ier. On raconte qu'alors, il envoya un soldat, un certain Philippidès, annoncer la bonne nouvelle à Athènes. Ce dernier partit des plaines de Marathon en courant et arriva si épuisé qu'il s'écroula puis mourut.

Langues officielles

La règle 23 de la Charte olympique stipule : « Les langues officielles du CIO sont le français et l'anglais. » En hommage à Pierre de Coubertin, la langue de Molière prévaut puisqu'il est précisé dans la même règle que : « en cas de divergence entre le texte français et le texte anglais de la Charte olympique et de tout autre document du CIO, le texte français fera loi sauf disposition expresse écrite contraire. »

No limit

Il n'y a pas de limite d'âge pour concourir aux Jeux olympiques outre celles imposées pour raison de santé par la fédération internationale.

Dans les règles

Pour participer aux Jeux olympiques chaque athlète doit se conformer à la Charte olympique et suivre les règles de la fédération internationale propre à son sport.

En musique

L'hymne olympique a été composé par le musicien grec Spýros Samáras, né à Corfou en 1861. Les paroles furent écrites par le plus célèbre des poètes grecs de son époque, Kostís Palamás. Il fut joué dès la première olympiade, à Athènes.

Discours officiels

Lors de la cérémonie d'ouverture des Jeux olympiques, c'est le président du comité d'organisation qui prononce d'abord un bref discours. Le président du CIO prend ensuite la parole avant d'inviter le chef d'État du pays hôte à proclamer l'ouverture des Jeux.

Question de calendrier

Les premiers Jeux olympiques modernes se déroulèrent du 6 au 15 avril selon le calendrier grégorien, mais du 25 mars au 3 avril 1896 selon le calendrier julien en vigueur en Grèce jusqu'en 1923. Le 25 mars marque aussi l'anniversaire du déclenchement de la guerre d'indépendance de la Grèce face à l'Empire ottoman, en 1821, et la fête nationale.

Plus court, c'est mieux

Si les Jeux d'Athènes, en 1896, avaient duré dix jours, ceux de Paris se déroulèrent du 14 mai au 28 octobre 1900, ceux de Saint-Louis du 1er juillet au 24 novembre 1904 et les suivants s'étendirent aussi sur plusieurs mois. Au moment des Jeux de Los Angeles, en 1932, nous sommes encore près du krach de 1929 et les États-Unis traversent une crise économique, aussi, c'est depuis cette époque que leur durée officielle a été réduite à seize jours maximum.

Dans les traditions

Tous les quatre ans, quelques semaines avant l'ouverture des Jeux, la flamme est allumée à Olympie, à l'aide d'un miroir parabolique. Comme dans l'Antiquité, des jeunes femmes portant un costume de vestale, une tunique blanche, prennent place devant le temple d'Héra. L'une d'entre elles invoque Apollon, le dieu des arts, et par un jeu de miroirs avec les rayons du soleil, la flamme olympique est allumée dans le *skaphia*, miroir parabolique dans lequel ont été déposées des herbes séchées. La flamme pure et immaculée du soleil est alors emportée dans une urne jusqu'à l'ancien stade olympique. Une « vestale » allume ensuite la torche olympique tenue par le premier relayeur.

Clic clac

La publicité est interdite dans les enceintes olympiques, néanmoins, le CIO a effectué des partenariats avec des multinationales pour les associer à la promotion des Jeux. L'un des plus anciens sponsors est l'entreprise américaine Kodak qui fournit depuis 1896 le matériel du centre de presse.

Prêter serment

Lors de la cérémonie d'ouverture des Jeux, le serment olympique est prononcé par un athlète du pays hôte, ainsi que par un arbitre, depuis 1972, et par un entraîneur, depuis 2012, au nom de tous les autres. Il fut prononcé pour la première fois aux Jeux d'Anvers, par Victor Boin, un escrimeur belge. Rédigé par Pierre de Coubertin, il a été modifié au fil des années pour mieux refléter les changements des compétitions sportives. En 2000, à Sydney, par exemple, pour la première fois le serment aborda la notion de dopage.

Défilé d'ouverture

C'est toujours la délégation grecque, pays d'où sont originaires les Jeux olympiques, qui défile en premier lors de la cérémonie d'ouverture des Jeux d'été et d'hiver. Elle est suivie des délégations des autres nations qui défilent dans l'ordre du nom de leur pays dans la langue de la ville d'accueil. Enfin, le pays hôte clôt le défilé.

Drôles de récompenses

Pierre de Coubertin pensa qu'une distribution de médailles encouragerait les athlètes. Aux premiers Jeux olympiques modernes, à Athènes, en 1896, les vainqueurs reçurent ainsi une médaille d'argent sur laquelle étaient représentés sur l'avers Zeus et Niké, déesse personnifiant la victoire, tenant une branche de laurier, et sur le revers, une vue de l'Acropole. Ils se virent aussi remettre un diplôme. Les vice-champions, eux, eurent le droit à une médaille en cuivre et une branche de laurier. Quatre ans plus tard, à Paris, on n'a prévu ni couronne d'olivier ou de laurier ni médaille pour récompenser les vainqueurs. On leur offre alors des portefeuilles, des coupes, des statuettes et des assiettes. C'est aux Jeux de Saint-Louis, en 1904, qu'apparaissent les premières médailles d'or, d'argent et de bronze.

Les Jeux au féminin

Écartées des premières olympiades d'Athènes, en 1896, les femmes participèrent pour la première fois aux Jeux olympiques en 1900, à Paris. Elles concoururent en voile, en tir, en équitation, en ballon, en sauvetage, au croquet, en pêche et en tennis.

Lignes de conduite

Les principes fondamentaux de l'olympisme et les règles sont inscrits dans la Charte olympique. Les idées générales avaient déjà été pensées par Pierre de Coubertin aux premiers Jeux de 1896, mais il ne fit publier la charte qu'en 1908, pour les Jeux de Londres, sous le titre d'*Annuaire du Comité international olympique*. Depuis 1978, le document est intitulé « Charte olympique ».

Inspiration divine

Pierre de Coubertin s'inspira du serment de l'évêque de l'Église épiscopale de Pennsylvanie, Ethelbert Talbot, invité à prêcher à la cathédrale Saint-Paul, lors des Jeux de Londres, en 1908, pour déclarer une dizaine de jours plus tard : « Le plus important dans la vie n'est pas le triomphe, mais le combat. L'essentiel n'est pas d'avoir vaincu, mais de s'être bien battu. » Deux phrases qui allaient devenir un credo des Jeux olympiques.

L'athlète parfait

Le pentathlon moderne a été inventé par Pierre de Coubertin qui voyait dans ceux qui pratiquaient les cinq sports sélectionnés, l'athlète idéal. En une journée, ils doivent disputer des épreuves d'escrime, de natation, d'équitation, de course à pied et de tir au pistolet. Aucune de ces disciplines ne faisait partie du pentathlon antique qui, lui, se composait du lancer du disque et du javelot, du saut en longueur, de la course de stade et de la lutte. Des sports représentant les compétences que devait avoir un parfait soldat.

Tenue de sport exigée

C'est aux Jeux de Londres, en 1908, que pour la première fois les athlètes défilèrent derrière le drapeau de leur pays, en tenue de sport.

La tête et les jambes

Dans l'esprit des Jeux antiques, Pierre de Coubertin souhaita ajouter la peinture, la sculpture, la littérature, la musique et l'architecture aux épreuves olympiques, en 1912, à Stockholm. Le baron concourut lui-même, sous les pseudonymes de Georges Hohrod et Martin Eschbach, et s'inscrivit dans la section poésie. Il remporta la médaille d'or pour son poème en prose *Ode au sport* qui, comme toutes les œuvres présentées, faisait l'apologie du sport. Faute de convaincre assez de candidats, les épreuves artistiques furent supprimées après les Jeux de Londres, en 1948.

Doucement mais sûrement

La participation des femmes aux Jeux olympiques ne s'est faite que très progressivement. En 1912, elles concourent par exemple pour la première fois à la natation ; en 1928, à l'athlétisme ; en 1964, au volley-ball ; en 1976, à l'aviron ; en 1984, au cyclisme sur route ; et ce n'est que depuis 2012, aux Jeux de Londres, avec l'introduction de la boxe féminine, qu'elles sont présentes dans tous les sports du programme.

Annulations et report

Les Jeux olympiques ont été annulés trois fois. En 1916, en raison de la Première Guerre mondiale, en 1940 et 1944, à cause de la Seconde Guerre mondiale. En 2020, en pleine pandémie de Covid-19, ils furent reportés d'un an. Cependant, l'épidémie étant toujours active, le public fut très restreint et les athlètes n'eurent pas l'autorisation de visiter Tokyo.

Succession

C'est un comte belge, Henri de Baillet-Latour, qui succéda à Pierre de Coubertin à la tête du Mouvement olympique, en 1925. Auparavant, il avait fondé le comité olympique belge et fut l'un des organisateurs de Jeux d'Anvers, en 1920. Il dirigea le CIO jusqu'à sa mort, en 1942.

Fidèle soda

Coca-Cola est l'un des plus anciens partenaires du Mouvement olympique. L'entreprise qui produit le célèbre soda a soutenu chaque édition des Jeux depuis 1928. Elle parrainera également le relais de la flamme olympique de Paris en 2024.

Selon sa volonté

Né le 1er janvier 1863 dans le 7e arrondissement de Paris, Pierre de Coubertin est mort le 2 septembre 1937 à Genève. Comme il l'avait souhaité, son corps repose au cimetière du Bois-de-Vaux, à Lausanne, en Suisse, tandis que son cœur est emmuré dans le monument commémoratif de la rénovation des Jeux olympiques, inauguré en 1927, en sa présence.

Jouer en paix

Aux Jeux de l'ère moderne, la trêve olympique est une résolution de l'Assemblée générale des Nations unies. L'arrêt des hostilités commence théoriquement une semaine avant l'ouverture des Jeux et se termine une semaine après la clôture des Jeux paralympiques. Afin de promouvoir la paix par le biais du sport et de l'idéal olympique, en 2000, à l'initiative du CIO et de la Grèce, le Centre international pour la trêve olympique (Citeo) fut créé. Le siège se situe à Athènes et un bureau est installé à Olympie. Depuis 2004, aux Jeux d'Athènes, les athlètes qui soutiennent cette initiative de paix durant les olympiades peuvent signer un « mur de la trêve » dans le village olympique. Malgré toutes ces mises en œuvre, en 2014, la Russie attaqua la Crimée cinq jours après la clôture des Jeux olympiques d'hiver de Sotchi.

Mixité

C'est à partir des Jeux de Melbourne, en 1956, que le village olympique devint mixte.

Musique !

En 1958, à Tokyo, le CIO décida que l'hymne olympique mis en musique par Spýros Samáras sur des paroles de Kostís Palamás pour les premiers Jeux d'Athènes serait, à partir des Jeux de 1960, à Squaw Valley et à Rome, l'hymne officiel. Jusque-là, l'hymne variait selon les villes d'accueil. À Stockholm, par exemple, une marche olympique triomphale fut composée par le Suédois H. Alexanderson. À Anvers, on joua une cantate du compositeur belge Peter Benoit. À Paris en 1924, l'hymne olympique fut confié aux chœurs de Prague et de Tourcoing. À Berlin, c'est la musique de Richard Strauss, sur un texte de Robert Lubahn, qui retentit dans le stade. À Londres, en 1942, à la cérémonie d'ouverture, on entendit un hymne composé par Roger Quilter, sur un texte de Rudyard Kipling, premier écrivain de langue anglaise à recevoir le prix Nobel de littérature en 1907, et auteur du célèbre recueil de nouvelles *Le Livre de la jungle*.

L'histoire avec un grand H

Créée en 1961, l'Académie internationale olympique (IOA) est supervisée par le ministère de la Culture grec sous le patronage du Comité international olympique. Située près du stade antique d'Olympie, elle s'est donné pour mission d'étudier et d'enseigner l'histoire des Jeux à des étudiants qui viennent du monde entier.

Médaille du fair-play

Depuis 1964, la médaille Pierre-de-Coubertin récompense l'esprit sportif d'athlètes ou de personnalités mobilisés pour développer l'olympisme. Aux dernières éditions, elle a été attribuée en 2008 à l'équipe de voile de Croatie qui avait prêté son bateau à l'équipe de voile du Danemark, dont le mât s'était brisé juste avant le départ. En 2012, c'est le Français Éric Monnin, maître de conférences à l'université de Franche-Comté – UPFR Sports – à Besançon, qui l'a reçue en remerciements des services rendus au Mouvement olympique; en 2016, la coureuse néo-zélandaise Nikki Hamblin est décorée pour avoir aidé son adversaire, l'Américaine Abbey Cooper, à se relever lors de la course du 5000 mètres. En 2021, la médaille est attribuée à André Leclerc, président du comité français Pierre-de-Coubertin, pour la mobilisation constante du comité à développer le sport et transmettre l'idéal olympique.

No way

En 1964, le CIO n'a pas invité l'Afrique du Sud à participer aux Jeux de Tokyo en raison de sa politique d'apartheid, contraire à l'esprit olympique.

Stupéfiant

C'est aux Jeux de Mexico, en 1968, que le CIO mit en place, pour la première fois, des contrôles antidopage détectant stupéfiants et stimulants. Sur les 667 tests d'urine effectués, il n'y eut qu'un cas positif. Le pentathlonien suédois Hans-Gunnar Liljenwall qui avait consommé un peu d'alcool, considéré comme dopant, fut disqualifié.

Mascottes

La première mascotte officielle de l'histoire des Jeux olympiques n'a vu le jour qu'en 1972, à Munich. À Waldi, le teckel aux couleurs du drapeau olympique, succédera Amik le castor, animal connu pour sa patience et son labeur, aux Jeux de Montréal, en 1976. À Moscou, en 1980, c'est l'ours Misha qui sera la mascotte, suivi de l'aigle Sam, à Los Angeles, en 1984, de Hodori et Hosuni les tigres, à Séoul, en 1988. Le chien Cobi veillera sur les Jeux de Barcelone, en 1992, Izzy sur ceux d'Atlanta, en 1996, Olly le kookaburra (martin-chasseur géant), Syd, l'ornithorynque, et Millie, l'échidné, trois animaux originaires d'Australie, sur les Jeux de Sydney, en 2000. Athena et Phevos, inspirés de poupées de la Grèce antique, furent les mascottes des Jeux d'Athènes, en 2004.
Les Fuwa, Beibei le poisson, Jingjing le panda, Huanhuan la flamme olympique, Yingying l'antilope tibétaine et Nini l'hirondelle, cinq copains aux couleurs des cinq anneaux olympiques, ont été celles des Jeux de Beijing (Pékin). Lorsque l'on met la première syllabe de chacun de leurs noms bout à bout on obtient : *Beijing huanying ni*, ce qui signifie « Bienvenue à Beijing » ! Wenlock, représentant la dernière goutte d'acier utilisée pour la construction du stade olympique, fut la mascotte des Jeux de Londres, en 2012. À Rio de Janeiro, en 2016, ce fut Vinícius, un animal jaune à l'allure de félin et malin comme un singe, baptisé ainsi pour rendre hommage au grand nom de la musique brésilienne contemporaine, Vinícius de Moraes. En 2020, le Japon choisit Miraitowa, un nom formé à partir des mots japonais *mirai*, avenir, et *towa*, éternité. Les mascottes de Paris, en 2024, seront les Phryges, des petits bonnets phrygiens rappelant la Révolution et qui sont symboles de liberté.

Et de deux

La reine Élisabeth II fut la seule cheffe d'État à avoir déclaré l'ouverture de deux éditions de Jeux olympiques. La première en 1976, à Montréal, en tant que dirigeante du Commonwealth et la seconde à Londres, en 2012. Elle était aussi présente aux précédents Jeux de Londres, en 1948, mais la proclamation d'ouverture avait été faite par son père, le roi George VI.

Le CIO féminisé

Quarante-quatre ans après la mort de Pierre de Coubertin, deux femmes sont élues membres du CIO, en 1981. Flor Isava Fonseca, membre de l'équipe équestre du Venezuela aux Jeux de 1956 et fondatrice de la fédération équestre du Venezuela, et la sprinteuse finlandaise Pirjo Häggman qui représenta son pays aux Jeux de 1972, 1976 et 1980. Flor Isava Fonseca fut aussi la première femme membre de la commission exécutive du CIO. Elle occupa cette fonction de 1990 à 1994. Elle s'est éteinte à 99 ans en 2020.

Amateurs et professionnels

Comme l'avait voulu Pierre de Coubertin, les Jeux olympiques de l'ère moderne ont longtemps été réservés aux athlètes amateurs. La règle fut supprimée par le CIO pour les Jeux de Los Angeles, en 1984, date à laquelle des athlètes professionnels purent concourir.

Coïncidence

Président du comité d'organisation des Jeux olympiques d'été de Los Angeles et déclaré homme de l'année par l'hebdomadaire américain *Time Magazine*, Peter Ueberroth souhaita que les femmes puissent participer au marathon. Une idée qu'avait toujours refusée Pierre de Coubertin. En 1928, il déclara : « Quant à la participation des femmes aux Jeux, j'y demeure hostile. C'est contre mon gré qu'elles ont été admises à un nombre grandissant d'épreuves. » Des propos que ne partageait pas du tout Peter Ueberroth qui, ironie du sort, est né le 2 septembre 1937… le jour de la mort de Pierre de Coubertin !

Chère planète

Depuis 1994, la protection de l'environnement et le développement durable sont deux notions inscrites dans la Charte olympique. Les Jeux de Lillehammer, cette année-là, sont les premiers à engager des pratiques écologiques. En 1995, une commission « sport et environnement » a été créée afin de veiller notamment à la meilleure gestion des déchets, des dépenses énergétiques et à la préservation de l'environnement. La ville hôte doit s'engager à respecter la faune et la flore, ainsi qu'à s'assurer que les nouvelles constructions réalisées pour les Jeux ne mettront pas en danger des espèces protégées.

Toujours plus haut

En 1996, la torche olympique est passée par l'espace à bord de la navette *Columbia*, lors de la mission STS-78. Trois jours avant le décollage, qui a eu lieu le 20 juin, la flamme avait été remise à l'équipage et elle a volé seize jours à ses côtés.

Pour la jeunesse

Depuis le 5 juillet 2007, le CIO a accepté que soient organisés des Jeux olympiques pour les athlètes de tous les pays, âgés de 15 à 18 ans, afin de promouvoir les bienfaits du sport et l'idéal olympique auprès des jeunes. Ainsi, les Jeux olympiques de la jeunesse se déroulent par catégorie d'âge, tous les quatre ans. L'édition d'été a lieu la même année que les Jeux olympiques d'hiver et l'édition d'hiver, la même année que les Jeux olympiques d'été, en respectant le calendrier scolaire.

Accueillant

Le CIO a décidé de créer une délégation spéciale regroupant des « athlètes d'élite frappés par la crise mondiale des réfugiés ». Ainsi pour la première fois, à Rio en 2016, des athlètes réfugiés, immigrés de Syrie, du Congo, d'Éthiopie ou du Soudan du Sud, ont pu participer aux Jeux olympiques. L'opération a été réitérée aux Jeux de Tokyo et le sera à Paris, en 2024.

Promesse de parité

Depuis les Jeux de Tokyo en 2021, le serment est prononcé par un homme et une femme. Chacun récite sa partie « Au nom des athlètes », « Au nom des juges », « Au nom des entraîneurs et officiels », puis continue le serment : « nous promettons de prendre part à ces Jeux olympiques en respectant et en suivant les règles, dans un esprit de fair-play, d'inclusion et d'égalité. Ensemble, nous sommes solidaires et nous nous engageons pour un sport sans dopage, sans tricherie et sans aucune forme de discrimination. Nous le faisons pour l'honneur de nos équipes, dans le respect des principes fondamentaux de l'olympisme, et pour rendre le monde meilleur grâce au sport. »

Hommes, femmes à égalité

Le CIO a confirmé que les Jeux de Paris, en 2024, seraient les premiers à afficher une stricte parité, parmi les 10 500 athlètes sélectionnés. Une évolution déjà souhaitée par le CIO à Tokyo où l'on comptait 48,8 % d'athlètes féminines.

LE PRIX DE L'OR

Chaque nation fixe librement la prime, généralement versée par l'État, que recevront les athlètes médaillés. En France, on reçoit 65 000 € pour la médaille d'or, 25 000 € pour l'argent et 15 000 € pour le bronze. D'autres pays sont plus généreux. À Singapour, un champion olympique reçoit 627 000 € ; en Turquie, 335 000 € ; en Italie, 179 000 € et en Espagne, 94 000 €. En revanche, certains pays regardent davantage à la dépense. Un champion olympique américain se voit attribuer 32 000 € et les Anglais, les Islandais, les Suédois et les Norvégiens… rien du tout.

LES VILLES D'ACCUEIL

Accueillir les Jeux olympiques offre une merveilleuse vitrine au monde. Néanmoins, peu de villes ont ou auront ce privilège. En effet, entre 1896 et 2028, on en compte seulement vingt-trois à avoir reçu les Jeux d'été.

Pachyderme

On qualifie d'« éléphant blanc » les installations bâties à grands frais, puis laissées à l'abandon une fois les Jeux olympiques terminés. Cette expression trouve son origine en Inde, où l'on raconte que la mère de Bouddha avait rêvé d'un éléphant blanc la veille d'accoucher. Cet animal devint sacré. On ne devait pas le faire travailler, mais il fallait le nourrir et en prendre soin. Il revenait donc cher, à l'instar des équipements utilisés uniquement durant les Jeux.

L'élection d'une ville

Les Jeux olympiques ne sont pas attribués à un pays, mais à une ville, comme c'était le cas dans l'Antiquité pour Olympie. Le conseil municipal des villes candidates doit déposer un dossier et, environ sept ans avant la date des Jeux, le CIO vote à bulletin secret la ville retenue. Elle doit alors constituer un comité d'organisation qui assurera, entre autres, l'aménagement de sites sportifs et des hébergements et organisera les épreuves.

Dynastie

Le 4 avril 1896, c'est le roi de Grèce, Georges Ier, né Guillaume de Schleswig-Holstein-Sonderbourg-Glücksbourg, prince de Danemark qui ouvre les premiers Jeux olympiques de l'ère moderne, en prononçant cette phrase qui deviendra légendaire : « Je déclare ouverts les Jeux de la première olympiade des temps modernes ». Georges Ier – assassiné en 1913 – était le grand-père du prince Philip, duc d'Édimbourg et époux de la reine Élisabeth II.

Un bon début

À Athènes, on comptait quatorze pays participants venus de trois continents : les États-Unis d'Amérique, le Chili, l'Australie, et pour l'Europe l'Allemagne, l'Autriche, la Bulgarie, le Danemark, la France, la Grande-Bretagne, la Grèce, la Hongrie, l'Italie, la Suède et la Suisse. Les États-Unis furent onze fois sacrés champions olympiques, suivis de la Grèce qui remporta dix titres olympiques, de l'Allemagne avec six titres et de la France avec cinq titres.

Défense des animaux

Aux premiers Jeux de l'ère moderne, l'épreuve de tir au pigeon se faisait sur des pigeons vivants. À Paris, en 1900, les défenseurs des animaux s'insurgèrent devant les centaines de pigeons morts sous les balles des tireurs. Dès 1904, à Saint-Louis, aux États-Unis, des cibles en argile remplacèrent les volatiles.

Et de trois

Paris accueille les Jeux olympiques pour la troisième fois. La première, c'était en 1900, alors que la ville organisait également l'Exposition universelle ; la seconde, en 1924, la première édition sous l'appellation des Jeux olympiques d'été pour les distinguer des Jeux olympiques d'hiver qui se déroulaient la même année à Chamonix, et en 2024.

Trop loin

Les jeux de Saint-Louis, en 1904, et de Los Angeles, en 1932, connurent une plus faible participation que les Jeux olympiques précédents. Ceux de Saint-Louis réunirent 651 athlètes soit presque moitié moins qu'à Paris en 1900 où l'on en dénombrait 1 226. À Los Angeles, on comptait 1 334 athlètes contre 2 883 aux Jeux d'Amsterdam, en 1928. Cela s'explique par la durée et le coût du trajet qui ne permettaient pas à tous les athlètes de faire le déplacement. En 1932, ils devaient prendre le bateau jusqu'à New York, puis le train pour arriver sur le site des Jeux. Ce qui nécessitait en tout quelque quatre semaines de voyage à l'aller et autant au retour. Outre ces deux éditions aux États-Unis, toutes les autres se sont déroulées en Europe jusqu'en 1956.

Scandaleux

Aux Jeux de Saint-Louis, les Américains refusent de faire concourir aux épreuves officielles des populations qu'ils considèrent comme inférieures. Ils organisent des journées anthropologiques durant lesquelles des Pygmées, des Sioux ou encore des Kaffirs, des Noirs d'Afrique du Sud, font des démonstrations sportives. Ces manifestations humiliantes, totalement contraires aux valeurs olympiques, seront jugées scandaleuses par de nombreux pays.

La faute au Vésuve

Les Jeux olympiques de 1908 devaient avoir lieu à Rome. Cependant, l'éruption du Vésuve, du 4 au 21 avril 1906, qui fit plusieurs centaines de morts et des milliers de sinistrés, conduisit le gouvernement italien à demander la réattribution des Jeux à une autre ville, car il devait apporter une aide financière aux victimes. C'est finalement Londres qui organisa les Jeux.

Distance officielle

C'est à partir des Jeux de Londres, en 1908, que la distance officielle du marathon fut fixée à 42,195 kilomètres. Cela correspond à la distance entre le château de Windsor d'où partait la course, et celle de la ligne d'arrivée à la loge royale du stade de White City à l'ouest de la capitale britannique.

Un bassin dédié

C'est pour l'exposition franco-britannique et les Jeux de 1908 que l'on construisit la première piscine pour accueillir des sports aquatiques. Réalisée en béton, elle mesurait 100 mètres de longueur, 15,24 mètres de largeur et sa profondeur variait entre 1,20 mètre et 3,70 mètres. Elle se trouvait dans l'enceinte de The Great Stadium sur la partie ouest de la pelouse, près de la piste d'athlétisme. Cette année-là, le nageur le plus médaillé fut le Britannique Henri Taylor. Il fut champion olympique dans les épreuves du 400 mètres et 1 500 mètres nage libre et au relais 4 × 200 mètres nage libre. Une fois les Jeux olympiques terminés, la piscine fut démontée.

Haro sur l'hygiène

Aux Jeux de Londres, le bassin n'est pas traité et en plus de la température glaciale l'eau, les nageurs se plaignent également des algues qui les empêchent d'avoir une bonne visibilité. À Anvers, en 1920, des nageurs crieront au scandale après avoir vu des rats dans la piscine.

Des Jeux à part entière

Ce n'est qu'en 1912, à Stockholm, que les Jeux olympiques seront un événement à eux seuls. Auparavant, en 1900, à Paris, ils étaient confondus avec l'Exposition universelle. À Saint-Louis, en 1904, ils eurent lieu en même temps que la Louisiana Purchase Exposition, le centième anniversaire de la cession par la France de la Louisiane aux États-Unis. Enfin, en 1908, à Londres, ils se déroulèrent en parallèle de l'Exposition universelle franco-anglaise qui célébrait le rapprochement politique entre les deux pays.

Tout un monde

Les Jeux de Stockholm ont accueilli pour la première fois des délégations des cinq continents.

À L'ÉCOUTE

C'est aux Jeux de Stockholm que, pour la première fois, on installa une sonorisation qui permit aux athlètes et au public d'entendre les discours officiels.

Point sur la ligne

La photo-finish qui sert à capturer avec précision l'image de l'instant où les athlètes franchissent la ligne d'arrivée fut utilisée pour la première fois aux Jeux de Stockholm.

Symbole de paix

À peine deux ans après l'Armistice, les Jeux olympiques de 1920 furent attribués à Anvers par égard au lourd tribut humain et matériel que la Belgique avait payé pendant la Première Guerre mondiale. Pour symboliser la paix retrouvée et l'espoir qu'il n'y aurait plus jamais de conflit, on lâcha pour la première fois des colombes. La tradition perdura jusqu'aux Jeux de Séoul, en 1988. Cette année-là les volatiles se posèrent sur la vasque olympique et la majorité d'entre eux grillèrent dans la flamme. Depuis, les vraies colombes ont été remplacées par des colombes en papier, des effets visuels ou des défilés d'athlètes vêtus en blanc.

Ouverture exceptionnelle

Les Jeux d'Anvers sont ouverts par le roi Albert Ier après une minute de silence en hommage aux jeunes disparus pendant la Première Guerre mondiale. La Belgique a perdu quelque 41 000 soldats durant le conflit.

Dans les fossés

Touchée par la Première Guerre mondiale, la ville d'Anvers dut faire face au manque de matériaux. Ce qui obligea parfois les organisateurs à faire avec les moyens du bord. Ainsi la piscine fut construite dans les anciennes douves. Pour délimiter les extrémités du bassin, on installa des pontons qui permirent aussi aux athlètes et aux officiels de circuler autour de l'eau.

L'étendard est levé

Le drapeau olympique avec les cinq anneaux bleu, jaune, noir, vert et rouge flotta pour la première fois aux Jeux d'Anvers. Porté horizontalement par des athlètes, il est hissé à un mât dans le stade où se déroule la cérémonie d'ouverture. Il flotte pendant toute la durée des Jeux, avant d'être remis au maire de la ville qui organise les prochaines olympiades.

Dans le panneau

Au cours des années 1920 déjà, les embouteillages ne sont pas rares dans les grandes villes. À Amsterdam, où ont lieu les Jeux de 1928, la municipalité se rend compte que le nombre de places de parking aux abords du stade olympique est insuffisant. Elle va alors décider de faire stationner les véhicules dans de vastes terrains situés un peu plus loin. Ils seront indiqués par des panneaux avec un P majuscule, blanc. Bientôt ces panneaux de stationnement autorisés, encore en vigueur aujourd'hui, seront adoptés dans le monde entier.

Le gîte et le couvert

C'est aux Jeux olympiques de Paris, en 1924, que l'on construisit pour la première fois un village olympique, afin d'accueillir les athlètes. Auparavant, ils étaient logés dans des hôtels, des bâtiments militaires ou sur les bateaux qui les avaient conduits dans la ville qui organisait les Jeux. Le village, édifié à la demande du CIO, se situait boulevard Valmy, à Colombes, dans les Hauts-de-Seine. Il se composait de baraques en bois raccordées à l'eau courante et à l'électricité. Chacune, prévue pour trois personnes, abritait des chambres meublées d'un lit en fer, d'une table, d'une chaise, d'un tapis et d'un miroir, et une salle de bains. Le village disposait d'un bureau de poste, de change, d'un service de téléphone et de télégraphe, d'un kiosque à journaux, d'une consigne, d'un salon de coiffure et d'une blanchisserie. Les délégations devaient payer une pension quotidienne de 55 francs (environ 52,50 euros actuels) pour les athlètes. Aujourd'hui il n'en reste plus une trace et des immeubles ont été construits à sa place. En 1932, les Américains édifièrent un vrai village olympique dans un quartier de Los Angeles, mais il n'était réservé qu'aux hommes. Les femmes, elles, logeaient dans des hôtels.

Non merci

La reine Wilhelmine, qui considérait les Jeux olympiques comme une organisation païenne, ne souhaita pas qu'ils se déroulent dans son pays. Malgré son veto, les Jeux de 1928 eurent lieu à Amsterdam, mais c'est son mari, le prince Henry, qui fit l'ouverture. La reine assista néanmoins à la cérémonie de clôture et remit des médailles.

La flamme olympique

La flamme olympique symbolise l'unité internationale. Elle fut allumée pour la première fois aux Jeux d'Amsterdam. Comme il n'y avait pas encore de relais prévu pour la porter, on l'installa en haut d'une tour de cinquante mètres que l'on avait dressée à l'intérieur du stade et elle brûla pendant toute la durée des olympiades. Le premier relais avec la torche eut lieu aux Jeux de Berlin, en 1936. La légende raconte que l'on doit cette idée à Carl Diem, universitaire allemand, qui s'était inspiré des lampadédromies antiques, des courses aux flambeaux. Adolf Hitler la retint, car il y voyait un moyen de mettre le IIIe Reich en exergue. Depuis cette date, le relais et l'allumage de la flamme olympique ont lieu à chaque olympiade, selon un véritable rituel. Elle est allumée devant les ruines du temple d'Héra, déesse du mariage et de la fécondité, à Olympie, là même où brûlait une flamme lors des Jeux antiques. Le flambeau franchit les frontières, allant de pays en pays jusqu'à arriver au stade de la ville organisatrice et brûle pendant toute la durée des Jeux.

1, 2 ET 3

C'est aux Jeux de Los Angeles, en 1932, sur l'idée de Henri de Baillet-Latour, alors président du CIO, que les remises de médailles se font pour la première fois sur un vrai podium où sont inscrits les chiffres 1, 2 et 3. Les trois lauréats, vêtus du survêtement officiel de leurs délégations, prennent place. Le médaillé d'or monte sur la plus haute marche tandis que le médaillé d'argent et le médaillé de bronze se tiennent en contrebas, à sa droite et à sa gauche. Les drapeaux de leurs pays sont hissés et leurs hymnes nationaux retentissent.

En attendant les Jeux

L'Estadi Olímpic de Montjuïc, aujourd'hui renommé Lluís Companys en hommage au président de la Généralité de Catalogne exécuté en 1940 par les autorités franquistes, a été construit en 1927 par l'architecte Pere Domènech i Roura pour l'exposition universelle de 1929. Il devait accueillir des Jeux olympiques alternatifs à ceux organisés à Berlin en 1936, alors que le régime nazi était au pouvoir. Cependant la guerre civile éclata et les Jeux n'eurent pas lieu. Le stade servit à accueillir les réfugiés. Il fut ensuite utilisé en 1957 et 1958 pour abriter les sinistrés des inondations de la ville ces années-là, puis servit d'espace pour passer les examens du permis de conduire. Il resta un temps à l'abandon avant d'être finalement rénové par l'architecte japonais Arata Isozaki, en 1989, pour devenir le stade principal des Jeux de Barcelone en 1992. Depuis, il accueille des manifestations sportives et culturelles.

JEUX TÉLÉVISÉS

Les Jeux olympiques sont attribués à Berlin en 1931, deux ans avant qu'Adolf Hitler accède au pouvoir. En 1936, le führer les utilise à des fins de propagande, pour glorifier son régime. Le symbole nazi, la croix gammée (svastika), est omniprésent. Pour rallier le plus grand nombre à sa cause et montrer sa puissance, il a l'idée de se servir d'un média naissant, la télévision. Telefunken, entreprise de radio et télévision allemande, met au point une caméra iconoscope grâce à laquelle les épreuves vont être retransmises par la télévision, chaque jour pendant huit heures, dans des salons de réception. Pour la première fois dans l'histoire, les caméras pénètrent dans un stade olympique. Elles permettent à quelque 200 000 téléspectateurs allemands de suivre gratuitement cent trente-huit heures de programmes. En 1948, les Jeux de Londres sont diffusés par la BBC dans la capitale britannique et les villes alentour, offrant à 500 000 téléspectateurs soixante-quatre heures d'émission. Cependant, ce n'est vraiment qu'à Rome, en 1960, que la télévision fait sa grande entrée, en retransmettant les Jeux par l'Eurovision, dans 18 pays européens, aux États-Unis et au Canada. Il faudra encore attendre quatre ans et les Jeux de Tokyo, pour qu'ils soient retransmis par la Mondovision, grâce au satellite Syncom-3, dans 23 pays d'Europe et aux États-Unis. En 1968, grande première, les Jeux seront diffusés en couleur.

Une idée lumineuse

On raconte que ce serait Carl Diem, universitaire allemand et théoricien du sport, qui aurait soufflé l'idée du relais de la flamme à Adolf Hitler, pour les Jeux de 1936. Au préalable, Diem fut, entre autres, chef de mission aux Jeux de Los Angeles, et relança les fouilles allemandes du stade antique du sanctuaire d'Olympie. Il est nommé secrétaire du comité d'organisation des Jeux de Berlin, en 1936. La flamme fut allumée à Olympie d'où elle partit le 20 juillet. Elle traversa ensuite la Grèce, la Bulgarie, la Yougoslavie, la Hongrie, la Tchécoslovaquie, l'Autriche, soit un parcours de quelque 3 000 kilomètres, avant d'arriver au stade olympique de Berlin, le 1er août.

Aucun respect

Aux Jeux de Berlin, Adolf Hitler bafoue les valeurs olympiques en faisant décorer le stade de croix gammées. Il prévoit en plus que l'on affiche des pancartes interdisant le stade aux Juifs, mais le CIO l'en empêche. Il parviendra tout de même, au dégoût des autres nations, à imposer le salut nazi à l'ouverture des Jeux, le 1er août.

Gagnants à domicile

En 1936, c'est l'Allemagne qui remporte le plus de médailles aux Jeux de Berlin. Elle devance de loin les États-Unis en récoltant 103 médailles dont 39 en or, 31 en argent et 33 en bronze, contre 57 médailles pour le pays de l'Oncle Sam, dont 24 en or, 21 en argent et 12 en bronze. Depuis le début des Jeux de l'ère moderne, c'est la septième fois que le pays organisateur – la Grèce en 1896, la France en 1900, les États-Unis en 1904, le Royaume-Uni en 1908, la Suède en 1912 et les États-Unis en 1932 – est premier au tableau des médailles des Jeux d'été. Cela ne se reproduira qu'en 1980 lorsque l'Union soviétique remportera les Jeux de Moscou avec 200 médailles, en 1984 quand les États-Unis gagneront 174 médailles à Los Angeles et 101 en 1996, à Atlanta.

Cadeau perso

Aux Jeux de Berlin, en plus des médailles, Adolf Hitler fit remettre aux vainqueurs un petit chêne en pot, prêt à planter. Cet arbre, symbole de force et de sagesse, et qui aux yeux du führer incarnait la puissance du Reich, fut rapporté par les athlètes dans leur pays. Aujourd'hui une petite dizaine seraient encore vivants, notamment aux États-Unis, au Japon et en Allemagne.

Chacun sa pierre à l'édifice

En 1948, aux Jeux de Londres, le Royaume-Uni, comme beaucoup de pays en Europe, subit encore les restrictions consécutives à la Seconde Guerre mondiale. Chaque nation tente d'apporter sa petite contribution. Ainsi, les Hongrois offrent du vin de Toquet, la Finlande, du bois, et les Français apportent de la nourriture.

Heure précise

C'est à 16 heures précises, le 29 juillet 1948, que le roi George VI, vêtu de son costume de grand amiral de la Royal Navy, annonça au stade de Wembley : « Je proclame ouverts les Jeux olympiques de Londres célébrant la 14e olympiade de l'ère moderne. » C'est pourquoi sur les affiches et l'emblème des Jeux, l'horloge de Big Ben était arrêtée à 16 heures.

Villages à part

Les Jeux d'été de 1952 furent attribués à la capitale finlandaise, Helsinki. Ils marquent la première participation de l'URSS, le retour du Japon et de l'Allemagne. Cependant, en pleine guerre froide, le village olympique va être séparé en deux. Les pays occidentaux d'un côté et les athlètes qui résident derrière le rideau de fer de l'autre.

Grosse blague

En 1956, à Melbourne, un étudiant en médecine fabriqua un faux flambeau avec un bâton, une boîte de conserve, et un slip qu'il avait enflammé. Il réussit à le remettre au maire de Sydney un petit quart d'heure avant l'arrivée du relayeur officiel.

À cheval sur la quarantaine

À Melbourne, la loi australienne interdisant l'importation de chevaux sur son territoire, les épreuves équestres eurent lieu à Stockholm, en Suède. Dans l'hémisphère sud, les saisons étant inversées par rapport à l'hémisphère nord, les compétitions équestres se déroulèrent du 10 au 17 juin, tandis que les autres épreuves furent organisées du 22 novembre au 8 décembre.

En direct

C'est pour les Jeux de Rome, en 1960, qu'est créée l'Eurovision. Elle va permettre de suivre les épreuves en direct à la télévision. Pour la première fois, les Jeux dépassent 5000 sportifs participants.

L'année de tous les conflits

Le 12 octobre 1968, les Jeux de Mexico, les premiers organisés dans un pays en voie de développement, s'ouvrent dans un climat tumultueux. La République populaire de Chine est en pleine révolution culturelle ; au Japon, la révolte étudiante éclate au printemps sur fond d'opposition à la guerre américaine au Vietnam ; aux États-Unis, les manifestations pour la paix et les droits civiques se multiplient. Martin Luther King est assassiné le 4 avril et Robert Kennedy le 6 juin. En Tchécoslovaquie, c'est ce que l'on appellera le Printemps de Prague. L'URSS, après l'échec des négociations, envoie des chars de combat et des soldats pour imposer « la normalisation ». En France, les étudiants descendent dans la rue et les usines sont en grève au mois de mai. La guerre s'intensifie au Vietnam, quant au Mexique, à dix jours de l'ouverture des Jeux, place des Trois Cultures, dans le quartier de Tlatelolco, à Mexico, l'armée tire sur des étudiants qui manifestaient. Dans ce contexte houleux, à la remise des médailles, les Américains Tommy Smith et John Carlos qui ont respectivement décroché l'or et le bronze sur le 200 mètres, expriment leur sympathie pour le mouvement Black Power luttant contre la discrimination des personnes de couleur. Ils lèvent un poing ganté de noir et baissent la tête lorsque l'hymne des États-Unis retentit. Leur attitude contraire à la Charte olympique, qui récuse toute démonstration d'orientation politique, leur vaudra d'être renvoyés du village olympique.

Amitiés avec le Nouveau Monde

Pour mettre en exergue les liens historiques entre les pays méditerranéens et l'Amérique latine, il fut décidé, aux Jeux de Mexico, que la flamme olympique suivrait le parcours de Christophe Colomb, lorsqu'il partit à la découverte du Nouveau Monde. Cristóbal Colón des Carbajal descendant direct du navigateur génois fut le dernier à porter la flamme en Espagne. De l'autre côté de l'Atlantique, elle fit un arrêt devant la pyramide de la lune de Teotihuacan, la plus grande cité de l'Amérique précolombienne, avant de rejoindre le stade de Mexico.

Top chrono

C'est aux Jeux de Mexico que l'on utilisa pour la première fois le chronométrage automatique et électronique, fabriqué par Omega. La manufacture suisse de montres de luxe était déjà chronométreur officiel des Jeux de Los Angeles, en 1932. Elle avait fourni trente chronographes de haute précision préalablement certifiés « chronomètres » par l'observatoire de Neuchâtel, fondé en 1858, dans le dessein de déterminer et conserver l'heure exacte puis la distribuer à l'industrie, aux villes du canton, ainsi qu'à la Suisse romande. Omega réalisa également, pour ces Jeux de 1968, un panneau de contact fixé au bord de la piscine qui allait permettre aux nageurs d'arrêter leur fin de course, seuls, en posant la main dessus.

Hécatombe

Le 5 septembre 1972 aux Jeux de Munich, un groupe de terroristes palestiniens se présentant sous le nom de « Septembre noir » prend en otage neuf athlètes israéliens. Cela se termine en tragédie. Neuf otages, deux membres de la délégation israélienne et un policier sont exécutés. Les terroristes sont abattus par la police.

Pop olympic

Andy Warhol devait réaliser une peinture sur le mur ouest de la piscine olympique de Munich, construite pour les Jeux, mais en raison des frais trop élevés, le projet tomba à l'eau. Le maître du pop art fit, en revanche, une sérigraphie, *Speed Skater*, pour les Jeux d'hiver de Sarajevo, en 1984.

Top signal

En 1976, la flamme olympique fut transformée en signal radio transmis depuis Athènes jusqu'au Canada, où on l'utilisa pour rallumer une autre flamme au moyen d'un rayon laser.

Orage au désespoir

Aux Jeux de Montréal, un orage violent éteint la vasque du stade olympique. Un employé la rallume avec un briquet, mais sacrilège ! Ce feu qui est considéré comme impur est immédiatement éteint, puis rallumé selon le rite habituel.

Boycott massif

En 1980, les Jeux olympiques qui, pour la première fois, se déroulent à Moscou subissent un boycott massif en protestation à l'invasion de l'Afghanistan par l'URSS. Plus d'une cinquantaine de nations dont le Japon, les États-Unis, l'Argentine, le Canada, la Chine, la Norvège et la Corée du Sud, rejointes par des pays musulmans à l'instar du Pakistan, de la Tunisie et du Maroc, choisirent de ne pas participer à ces 22e olympiades.

Une ville solitaire

Pour la première fois de l'histoire de l'olympisme, une seule ville, Los Angeles, fut candidate pour les Jeux de 1984. Sept ans plus tôt, la capitale iranienne, Téhéran, avait envisagé de se présenter, mais la révolution islamiste contraria son projet.

Sortir couvert

Depuis les Jeux de Séoul, en 1988, année de la première journée mondiale contre le sida établie par l'OMS, des préservatifs sont offerts aux athlètes pour promouvoir la lutte contre les maladies sexuellement transmissibles. Cette dernière décennie, 450000 ont été distribués à Rio de Janeiro, en 2016, et 160000 à Tokyo, en 2021. Cependant, les athlètes n'étaient pas autorisés à les utiliser, car en raison de l'épidémie de Covid-19, ils devaient respecter une distance de 2 mètres.

Apaisement

Les Jeux de Barcelone s'ouvrent le 25 juillet 1992 dans un climat politique apaisé. Après la chute du mur de Berlin, en 1989, l'Allemagne est réunifiée. L'Afrique du Sud a aboli l'apartheid, le Yémen n'est plus divisé et les pays de l'ex-URSS, démembrée en 1991, défilent sous un nom d'équipe unifiée. Cependant, ce ne sera qu'aux Jeux de Sydney, en 2000, que les athlètes de Corée du Nord et de Corée du Sud défileront ensemble.

De l'or pour de vrai

Ce n'est qu'aux Jeux de Barcelone que les médailles d'or furent vraiment en or. Auparavant, elles étaient composées d'un alliage d'or et d'argent, le vermeil.

Jeux endeuillés

Les Jeux d'Atlanta, en 1996, s'ouvrent dans un pays meurtri par deux jours auparavant, l'explosion d'un Boeing 747 de la TWA au large de New York, qui a fait 230 victimes. Le 27 juillet, une bombe explose au parc du Centenaire. On déplore deux morts et 111 blessés. Les responsables des Jeux olympiques décident, comme à Munich, en 1972, de poursuivre les épreuves d'autant que pour la première fois de l'histoire olympique, les 197 comités nationaux olympiques reconnus étaient représentés. Le coupable de l'attentat, Éric Robert Rudolph, qui appartient à l'extrême droite chrétienne, sera arrêté en 2003.

Sous l'eau

Sur la route de Sydney, le flambeau olympique fut confié à des plongeurs et emporté aux abords de la Grande Barrière de corail pendant 2 minutes et 40 secondes. La flamme, spéciale, brûlait à 2000 degrés pour pouvoir rester visible.

Colossal

Créé grâce au réaménagement des fiches industrielles, le parc olympique de Sydney – 640 hectares – est le plus grand site en plein air de l'histoire des Jeux. En 2000, il a pu accueillir jusqu'à 110 000 spectateurs.

Point culminant du monde

En 2008, avant les Jeux de Beijing, la flamme olympique fut emportée au sommet de l'Everest, à 8 849 mètres. Elle était protégée du manque d'oxygène par une lampe de mineur spéciale.

Gigantesque

Construit pour les Jeux olympiques de 2008 par des architectes suisses de l'agence Herzog & de Meuron, le stade national de Beijing est considéré comme l'un des plus beaux du monde. De dimensions gigantesques – 333 mètres de long, 294 mètres de large et 69 mètres de haut –, il peut accueillir 80 000 spectateurs, mais durant les Jeux, grâce à des sièges temporaires, il avait une capacité de 91 000 places. Il est surnommé le « nid d'oiseau » par allégorie, par rapport à sa forme architecturale et sa structure en acier rappelant des brindilles.

Queen 007

En 2012, lors de la cérémonie d'ouverture des Jeux de Londres, la reine Élisabeth II brise le protocole en acceptant de se mettre en scène. On la voit sur grand écran, accompagnée de James Bond, alias Daniel Craig, venu la chercher à Buckingham Palace, dans son bureau, au milieu de ses chiens. Elle rejoint les jardins et fait mine de monter dans un hélicoptère, direction le stade olympique. L'hélicoptère passe, entre autres, devant la statue de Churchill qui fait signe avec sa canne, puis sous le Tower Bridge. Alors que l'on aperçoit deux silhouettes sauter avec un parachute aux couleurs de l'Union Jack, Sa Majesté fait son entrée dans la tribune, dans la même tenue que dans le court-métrage imaginé par Danny Boyle, le réalisateur du film *Slumdog Millionnaire*, comme si elle venait d'atterrir.

Jeux d'été en hiver

Les jeux de Rio de Janeiro se sont déroulés du 5 au 21 août 2016, mais comme les saisons sont inversées dans l'hémisphère Sud par rapport à l'hémisphère Nord, au Brésil c'était l'hiver. Il faisait tout de même 26 °C.

Mémorial

En hommage aux onze sportifs israéliens tués au village olympique de Munich, en 1972, et aux autres sportifs décédés durant les olympiades, le président du CIO, Thomas Bach, a inauguré un mémorial lors des Jeux de Rio. Le monument en bronze contient une pierre de la ville d'Olympie.

Facture record

Avec une facture finale estimée par les organisateurs à 15,4 milliards de dollars, soit environ deux fois le budget initial, les Jeux de Tokyo, en 2021, se sont révélés les plus chers de l'histoire. La pandémie de Covid-19 en est en partie responsable, car les Jeux ont été reportés et il n'y a pas eu de recettes de ventes de billets puisque les autorités japonaises avaient interdit les spectateurs.

Planète olympique

Pour la première fois aux Jeux de Tokyo, la totalité des médailles étaient fabriquées à partir de métaux recyclés, récupérés notamment dans des ordinateurs, des batteries et des appareils photo usagés. Les podiums, eux, étaient réalisés avec des plastiques recyclés rapportés par le public et récupérés dans les océans, dans le cadre d'une collecte réunissant le partenaire olympique mondial Procter & Gamble et le comité d'organisation des Jeux de Tokyo 2020.

Joyeux anniversaire

Comme Londres et bientôt Los Angeles, en 2028, Paris accueille en 2024 les Jeux olympiques pour la troisième fois, exactement un siècle après la dernière olympiade organisée dans la capitale française. Et ça, c'est une première.

Voies réservées

Un réseau de « voies olympiques » fixé par décret en mai 2022, et confirmé par le comité stratégique des mobilités JOP, s'étendant sur 185 kilomètres, sur le périphérique parisien mais aussi sur des tronçons de nationales et d'autoroutes, sera exclusivement réservé aux véhicules accrédités pour les Jeux olympiques et paralympiques. La société d'équipements routiers Fareco-Fayat, qui a remporté l'appel d'offres lancé par la ville de Paris en 2021, y a installé de nouveaux radars. Ceux-ci sont capables de scanner et flasher les plaques minéralogiques et de compter le nombre de passagers dans chaque véhicule. Les automobilistes non accrédités qui circuleront dans ces files recevront une amende de 135 euros.

Un fameux trois-mâts

C'est le *Belem*, le mythique trois-mâts et dernier grand voilier construit à Nantes en 1896, année de la première olympiade de l'ère moderne, qui transportera la flamme olympique d'Athènes à Marseille, première étape de son parcours pour les Jeux de Paris en 2024.

Les petits plats dans les grands

C'est la société Sodexo qui est chargée de la restauration au village olympique des Jeux de Paris 2024. 1,2 million de repas seront servis à quelque 15000 athlètes des Jeux olympiques et paralympiques. L'élaboration des plats a été confiée à deux chefs étoilés, Akrame Benallal qui possède plusieurs établissements à Paris et en Asie; Alexandre Mazzia, ancien basketteur, trois étoiles au guide Michelin, dont le restaurant est situé à Marseille et à Amandine Chaignot qui a travaillé dans des palaces avant d'ouvrir son premier restaurant, Pouliche, à Paris.

Quatre continents

Depuis 1896, les Jeux olympiques d'été se sont déroulés 18 fois en Europe, 5 fois aux États-Unis, 4 fois en Asie, 2 fois en Amérique latine et 2 fois en Océanie. Seul le continent africain n'a jamais accueilli les Jeux d'été ni même d'hiver. Toutefois, en 2004, la flamme olympique en provenance de New Delhi a fait une escale pour la première fois en Afrique au Caire et au Cap, puis en 2008 elle a traversé Dar es Salam, en Tanzanie, pour une unique étape africaine.

Rendez-vous dans quatre ans

Pour symboliser la fraternité, lors de la cérémonie de clôture, les athlètes sont réunis dans le stade. Le drapeau olympique est remis à la ville organisatrice des Jeux suivants, dans une allégorie de la continuité. La flamme est éteinte et la clôture proclamée par le président du CIO.

LES DISCIPLINES

Les disciplines sportives inscrites au programme ont évolué avec le temps. Si certaines épreuves comme le saut en longueur ou le lancer du javelot étaient déjà présentes aux Jeux antiques, d'autres tel que le skateboard, n'auraient pas manqué de surprendre les Grecs.

Sportif

Un sport ne peut être considéré comme olympique que si la fédération qui le gouverne est reconnue par le CIO. C'est lui qui décide des sports qui seront pratiqués. Un sport olympique pourra comporter une ou plusieurs disciplines qui donneront lieu à plusieurs épreuves ou compétitions.

Des Jeux tout neufs

À Athènes, en 1896, neuf sports étaient au programme : l'athlétisme, le cyclisme, l'escrime, la gymnastique, l'haltérophilie, la lutte, la natation, le tennis et le tir.

Démonstration

Contrairement aux sports officiels, les sports de démonstration étaient pratiqués sans que le résultat ne soit comptabilisé dans les résultats officiels. En 1996, le CIO décida de les suspendre parce que, entre autres, ils étaient compliqués à gérer en parallèle des sports officiels, quasiment chaque édition de Jeux comptant un ou plusieurs sports de démonstration. Le but était de les faire connaître au public et de voir l'intérêt qu'ils suscitaient. Il y eut, par exemple, le jeu de paume et le jeu de boules, à Paris en 1900 ; le polo à bicyclette, à Londres, en 1908 ; le *glíma*, une lutte qui remonte aux Vikings, à Stockholm, en 1912, année où apparaît la dénomination « sport de démonstration ». Le *kaatsen*, un sport de balle joué avec la main, fut disputé à Amsterdam, en 1928 ; le *pesäpallo*, aussi appelé base-ball finlandais, à Helsinki, en 1952 ou les *budō*, des arts martiaux japonais, à Tokyo en 1964.

Entre eau salée et eau trouble

Lors des premiers Jeux olympiques, on n'avait pas prévu de bassin de natation. Aux Jeux d'Athènes, en 1896, les nageurs furent emmenés au large en bateau et le vainqueur fut celui qui regagna le plus rapidement le rivage. À Paris, en 1900, les épreuves se déroulèrent dans la Seine, bien que la baignade fût interdite depuis 1783 pour des raisons de décence. Après les Jeux, les Parisiens continuèrent à s'y baigner, mais les journalistes dénoncèrent à plusieurs reprises la saleté du fleuve où se trouvaient, entre autres, des cadavres d'animaux. En 1923 un arrêté préfectoral réaffirma l'interdiction de baignade. Les épreuves de natation des Jeux de 1924 eurent lieu à la piscine des Tourelles, spécialement construite pour l'occasion, dans le 20e arrondissement de Paris.

À la une

Présents au programme depuis la première édition des Jeux olympiques de l'ère moderne, l'athlétisme et la natation sont les sports qui comptent le plus grand nombre d'épreuves et restent les plus suivis dans le monde entier.

Salto arrière

Pierre de Coubertin n'était pas très favorable aux sports de neige et de glace. Il se laissa tout de même convaincre par l'organisation d'une épreuve de patinage artistique à la première Olympiade, en 1896. Celle-ci n'eut pas lieu, faute de moyens, car il n'y avait pas de patinoire à Athènes. Il fallut attendre 1908, et les Jeux de Londres, pour que ce sport soit au programme.

Fausse publicité

Sur l'une des affiches des Jeux de Paris, en 1900, une escrimeuse présentait les trois armes traditionnelles : le fleuret, l'épée et le sabre, les dates des épreuves et les prix à remporter, jusqu'à 19500 francs pour celui qui gagnerait à l'épée. Cependant, contrairement à ce que l'affiche pouvait laisser croire, aucune femme ne concourait en escrime cette année-là. Il fallut attendre les Jeux de 1924 pour que cette discipline leur soit ouverte.

Sport régional

La pelote basque ne fut au programme officiel des Jeux olympiques qu'une seule fois, en 1900. Elle revint ensuite comme sport de démonstration, encore à Paris, en 1924, à Mexico, en 1968, puis une dernière fois à Barcelone, en 1992.

Oh hisse

Dans l'Antiquité, le tir à la corde faisait partie des épreuves des jeux Olympiques. Aux Jeux modernes, le tir à la corde, appelé la « lutte à la corde », fit partie des épreuves officielles des Jeux de Paris, en 1900, de ceux d'Anvers, en 1920. La dernière équipe championne olympique de ce sport est la Grande-Bretagne, qui était composée de *policemen* de Londres.

Une fois n'est pas coutume

Le cricket, ce sport collectif de balle et de batte qui remonte au Moyen Âge, ne fit partie des épreuves olympiques qu'une seule fois, aux Jeux de Paris, en 1900. Au vélodrome de Vincennes, l'équipe anglaise remporta la finale face à la France. La fédération internationale de cricket aimerait le retour de ce sport aux Jeux de Los Angeles, en 2028.

Spectacle à succès

Des courses de ballon à gaz étaient au programme des Jeux de Paris. Elles se déroulaient au parc d'aérostation de Vincennes et tandis que l'aéronautique n'en était encore qu'à ses balbutiements, ce fut l'une des activités les plus populaires des Jeux et de l'Exposition universelle. Le CIO supprimera ces épreuves dès les Jeux suivants, refusant de les considérer comme une discipline officielle.

Couvre-chef exigé

Le 19 juillet 1900, le thermomètre affiche plus de 36 degrés à Paris et les coureurs du marathon, qui doivent faire le tour de la capitale par les fortifications, portent un canotier ou un autre chapeau. Ceux qui ont oublié leur couvre-chef se voient distribuer un tissu blanc qu'ils doivent s'enrouler autour de la tête. Michel Théato, Luxembourgeois qui court pour la France, arrive le premier, suivi du Français Émile Champion et du Suédois Ernst Fast.

Belles équipes

Les sports équestres étaient déjà au programme des Jeux olympiques de 1900, puis ils furent présents à toutes les olympiades à partir de 1912. En 1950, aux Jeux d'Helsinki, les femmes prirent part à l'épreuve du dressage et en 1964, à toutes les épreuves, faisant de l'équitation l'unique sport mixte des Jeux, mais aussi le seul où l'homme concourt avec un animal.

Ballon rond

Le football faisait partie des disciplines prévues aux premières olympiades de l'ère moderne, à Athènes, avant d'être annulé. C'est finalement à Paris que ce sport fut pour la première fois au programme des Jeux olympiques. Ce sont la Grande-Bretagne, qui remporta déjà le premier tournoi, et la Hongrie qui ont récolté le plus de médailles d'or. En 1996, à Atlanta, les Super Eagles nigérians battirent le Brésil en demi-finale, puis remportèrent la finale contre l'Argentine, devenant la première nation africaine championne olympique de football.
Le premier tournoi féminin se déroula à Atlanta et fut remporté par l'équipe des États-Unis qui, depuis, décrocha trois fois l'or, à Athènes, Beijing et Londres.

Londres en patins

En 1908, aux Jeux de Londres, pour la première fois, un sport de glace est inscrit au programme olympique, le patinage artistique. Les épreuves individuelles messieurs, figures spéciales messieurs, individuel dames et couples, se déroulent au Prince's Skating Club, une grande patinoire du quartier de Knightsbridge aujourd'hui détruite. Six nations participent : l'Allemagne, l'Argentine, les États-Unis, le Royaume-Uni, la Russie et la Suède. Le champion olympique individuel messieurs est le Suédois Ulrich Salchow, et la Britannique Madge Syers reçoit la médaille d'or pour l'individuel dames.

À chacun son couloir

Aux Jeux de Londres, les coureurs anglais et américains du 400 mètres se bousculèrent. Les juges décidèrent de remettre la compétition au lendemain en étendant des cordes pour que chaque athlète ait son propre couloir. Furieux, les Américains refusèrent de courir à nouveau la finale. Le Britannique Wyndham Halswelle disputa seul le 400 mètres et remporta la médaille d'or. Aujourd'hui, les cordes qui séparaient les couloirs ont été remplacées par des lignes blanches tracées au sol.

Dans les vapes

Lors des Jeux de Londres, le marathon va faire l'objet d'un étrange spectacle au point que la reine Alexandra du Danemark sera au bord de l'évanouissement. Le Canadien Tom Longboat, qui a remporté le marathon de Boston l'année précédente, est donné favori mais, victime d'une insolation, il s'écroule durant le parcours. Certains diront qu'il avait été drogué. Le Sud-Africain Charles Hefferon est proche de l'arrivée quand on lui tend une coupe de champagne. Il ressent soudain une violente douleur à l'estomac et se met à vomir. C'est finalement l'Italien Dorando Pietri qui entre le premier dans le stade, mais il s'effondre. On l'aide à se relever, néanmoins, il retombe. Il arrive à se remettre sur ses pieds, on l'aide à passer la ligne d'arrivée, puis il s'écroule sur les juges. Pietri est déclaré vainqueur et évacué en ambulance. Les Américains contestent les résultats, arguant que Doranto Pietri a été soutenu jusqu'à la ligne d'arrivée. La médaille d'or revient à l'Américain John Hayes, tandis que Pietri est disqualifié. Il recevra tout de même une coupe spéciale, en or, des mains de la reine Alexandra.

La natation au féminin

Les épreuves de natation, le 100 mètres nage libre et le relais 4 × 100 mètres, ont été ouvertes aux femmes aux Jeux de Stockholm, en 1912. La première à devenir championne olympique au 100 mètres nage libre est la nageuse australienne Fanny Durack qui au cours de sa carrière sportive détiendra douze records du monde. Le relais 4 × 100 mètres fut, lui, remporté par les Britanniques Jennie Fletcher, Belle Moore, Irene Steers, et Annie Speirs. En 1920, aux Jeux d'Anvers, une nouvelle épreuve de natation sera accessible aux femmes, le 300 mètres nage libre.

Avec des gants

À force de contestations, la boxe faillit plusieurs fois être retirée des Jeux. Elle ne figura pas à ceux de Stockholm, car la législation suédoise en interdisait la pratique. Les femmes, elles, ont fait leur entrée dans la compétition en 2012, à Londres. Ce sont les Américains qui dominent ce sport, suivis des Cubains – Teófilo Stevenson et Félix Savón détiennent chacun trois médailles d'or – et des Russes. Aux Jeux de Paris, en 2024, les épreuves finales se dérouleront au stade Roland-Garros.

Grands coups de pédales

L'épreuve cycliste sur route des Jeux de Stockholm, disputée sur 320 kilomètres, fut la plus longue de toute l'histoire olympique. C'est le Sud-Africain Rudolph Lewis qui la remporta en 10 heures 42 minutes et 39 secondes.

Ça va, ça vient

Le base-ball a fait sa première apparition, en tant que sport de démonstration, aux Jeux olympiques de Stockholm. Absent des autres éditions, il est revenu quatre-vingts ans plus tard aux Jeux de Barcelone. Ce sport n'est pas retenu par la commission du programme olympique pour les Jeux de 2012, à Londres, ni à ceux de 2016, à Rio, avant de faire son retour pour les Jeux de Tokyo, en 2020, puis de disparaître à nouveau de ceux de Paris en 2024.

Coups de bâton

Le bâton est utilisé depuis la nuit des temps comme arme de défense. Aussi, au XIXe siècle et au début du XXe siècle, les hommes portaient une canne afin de pouvoir riposter au cas où ils auraient été attaqués dans les quartiers malfamés de Paris. La canne de combat devint même un sport de démonstration, pour une unique fois, aux Jeux olympiques de 1924. Le but était de toucher son adversaire en utilisant le tranchant de la canne en châtaignier, sans être touché.

OK pour le hockey

Les épreuves de hockey sur glace ont été disputées pour la première fois aux Jeux d'Anvers, en 1920. Elles furent ensuite transférées aux Jeux d'hiver dès leur création, en 1924, à Chamonix.

En panne

Le sport automobile fit son unique apparition aux Jeux de Berlin, en 1936, comme sport de démonstration. Le rallye fut remporté par une femme, la pilote britannique Betty Haig, qui conduisait une Singer Le Mans, une voiture de course sortie deux ans auparavant.

Uppercuts dans l'eau

En 1948, à Londres, les épreuves de boxe sont organisées à l'Empire Pool, la première piscine olympique couverte, où l'on aménagea un ring flottant.

Du water-polo au pugilat

Le 6 décembre 1956, alors que les chars soviétiques venaient d'entrer dans Budapest quelques jours auparavant, aux Jeux de Melbourne, l'URSS et la Hongrie s'affrontent en demi-finale de water-polo. Au cours de la partie, la tension monte. Le joueur soviétique Valentin Prokopov commence par donner un coup de tête au Hongrois Ervin Zádor, puis les deux équipes en viennent aux mains. L'eau de la piscine se transforme en bain de sang et la police australienne doit intervenir pour contenir le public qui souhaite s'en prendre à l'équipe soviétique. La rencontre est arrêtée et la Hongrie qui menait 4-0 est déclarée gagnante. Le lendemain, elle remportera la médaille d'or contre la Yougoslavie et l'URSS, la médaille de bronze.

Au cœur de la cible

Absent des Jeux olympiques pendant cinquante-deux ans, le tir à l'arc revient aux Jeux de Munich. La Corée du Sud domine ce sport avec 43 médailles dont 27 en or, depuis les Jeux de 1972. L'archère Kim Soo-Nyung détient à elle seule six médailles, dont quatre en or, en individuel et en équipe.

Une fois, pas plus

Sport de démonstration avec le badminton, le ski nautique fait son unique apparition aux Jeux de Munich, en 1972. Faute de plan d'eau, les compétitions se déroulent à 900 kilomètres au nord, dans la ville de Kiel, en bordure de la mer Baltique. Des trente-cinq participants, l'Américain Ricky McCormick se distingue avec un saut de 43,75 mètres, soit l'équivalent d'un bâtiment d'environ quinze étages, qui lui rapporte une seconde médaille d'or avec celle qu'il a reçue en figures hommes.

Course avec un *e*

C'est en 1984, aux Jeux de Los Angeles, que le marathon féminin fait son entrée dans les épreuves olympiques. Jusque-là seuls les hommes pouvaient concourir. Pour cette première, l'Américaine Joan Benoit remporte la médaille d'or en s'imposant en 2 heures 24 minutes, devant la Norvégienne Grete Waitz, championne du monde en titre, qui était la favorite. Auparavant Joan Benoit avait remporté le marathon de Boston en 1979, à l'âge de 22 ans, et une seconde fois en 1983. En 1985, elle gagnera le marathon de Chicago, puis deviendra entraîneuse et commentatrice sportive.

Bon coup de volant

Le badminton a fait son entrée officielle aux Jeux olympiques de Barcelone, en 1992. Présent depuis à toutes les olympiades, ce sport est dominé par la Chine, suivi de l'Indonésie et de la Corée du Sud. La Chinoise Ling Gao est la joueuse la plus médaillée avec à son actif une médaille d'or et une de bronze à Sydney, en 2000, puis une médaille d'or et une d'argent à Athènes, en 2004.

Vainqueurs inattendus

Art martial originaire de Corée, signifiant « la voie des pieds et des poings », le taekwondo a fait son apparition aux Jeux olympiques de Séoul, en 1988, comme sport de démonstration. Il conserva ce statut aux Jeux suivants, à Barcelone, avant de disparaître du programme, puis de revenir comme sport olympique officiel à Sydney. Si la Sud-Coréenne Hwang Kyung-Seon est la première femme à avoir décroché trois médailles – deux en or et une en bronze entre 2004 et 2012 – d'autres pays ont remporté la première médaille olympique de leur histoire grâce au taekwondo. C'est le cas du Vietnam en 2000 avec Trần Hiếu Ngân, médaillée d'argent ; de l'Afghanistan en 2008 avec Rohullah Nikpai, médaillé de bronze ; du Gabon avec Anthony Obame, médaillé d'argent, et de la Jordanie avec Ahmad Abughaush, médaillé d'or. En 2016 ce sport a aussi permis à l'Ivoirienne Ruth Gbagbi et l'Iranienne Kimia Alizadeh d'être les premières femmes médaillées olympiques de leur pays. Quant au taekwondoïste Hadi Saei, avec trois médailles – deux en or et une en bronze – il est le plus grand champion olympique d'Iran.

JEU D'EAU

Le water-polo est, avec le rugby à XV, le plus ancien sport d'équipes des Jeux olympiques de l'ère moderne. Le premier tournoi masculin fut disputé à Paris, en 1900, tandis qu'il fallut attendre un siècle pour que l'épreuve féminine soit au programme, aux Jeux de Sidney. Neuf fois championne olympique, l'équipe de Hongrie est la plus titrée dans cette épreuve.

Avant l'heure, c'est l'heure aussi

Depuis les Jeux de Sydney, en raison du grand nombre de matchs à organiser et pour permettre aux joueurs de se reposer, les tournois de football commencent deux jours avant la cérémonie d'ouverture des Jeux. À Paris, en 2024, les tournois de football se dérouleront du 24 juillet au 10 août sur sept sites : le Parc des Princes, à Paris ; le stade de la Beaujoire, à Nantes ; le stade de Bordeaux ; le stade Vélodrome, à Marseille ; le stade de Nice ; le stade Geoffroy-Guichard à Saint-Étienne et le stade de Lyon.

Ensemble, c'est mieux

Le nombre d'épreuves mixtes a doublé, passant de neuf aux Jeux de Rio, en 2016, à dix-huit à ceux de Tokyo, en 2020. À Paris, en 2024, elles seront encore plus nombreuses. Il y aura des épreuves mixtes, notamment en voile, en tennis de table, au tir à l'arc, en escalade et en athlétisme pour remplacer le 50 kilomètres marche.

Changements

À chaque olympiade, de nouveaux sports apparaissent tandis que d'autres sont supprimés. En 2020, le comité d'organisation de Tokyo a proposé cinq nouveaux sports : le karaté, le base-ball, l'escalade, le surf et le skateboard, acceptés par le CIO. À Paris, en 2024, il n'y aura pas de karaté ni de base-ball au programme, mais l'escalade sportive, le skateboard, le surf et le *breaking* feront partie des sports additionnels.

Mesures et températures

Aujourd'hui les épreuves de natation se déroulent dans des piscines olympiques qui doivent avoir une longueur de 50 mètres, une largeur de 25 mètres et huit couloirs de 2,50 mètres. La profondeur est de 2 mètres, au minimum, et l'eau est chauffée entre 25 et 28 degrés, car en dessous de 25 degrés, le corps dépense trop de calories pour maintenir une température stable. Au-dessus de 28 degrés, il a des difficultés à évacuer la chaleur produite pendant l'effort et le rythme cardiaque risque de trop accélérer.

Les hommes aussi

Pour la première fois en 2024, à Paris, les hommes seront admis aux épreuves de natation artistique. Ce sport, au programme depuis les Jeux de Los Angeles, en 1984, était jusque-là réservé aux femmes. Durant les épreuves par équipes, qui se dérouleront au centre aquatique de Saint-Denis, le CIO a autorisé les hommes à concourir à hauteur de deux athlètes masculins par équipe.

Dernière épreuve

Au programme depuis les premiers Jeux de l'ère moderne, en 1896, le marathon est une épreuve mythique qui se déroule le dernier jour des compétitions. À Paris, en 2024 c'est le marathon féminin qui, le 11 août, clôturera les quinze jours d'épreuves sportives, tandis que le marathon masculin sera disputé la veille.

Parcours historique

À Paris, en 2024, le marathon féminin rendra hommage à un épisode de la Révolution française, la marche des femmes sur Versailles, le 5 octobre 1789. Les athlètes, partant de l'hôtel de ville de Paris, reprendront en partie le parcours des révolutionnaires.

LES ATHLÈTES

Si certains athlètes ont vu leur nom passer à la postérité, des milliers sont restés anonymes, mais tous possèdent le même courage, celui d'avoir participé aux Jeux olympiques.

Marathonienne

Lors des premières olympiades de l'ère moderne, la Grecque Stamáta Revíthi aurait tenté de participer au marathon, mais elle essuya un refus de la part des organisateurs qui ne souhaitaient pas que la gent féminine prenne part à cette épreuve. La jeune femme de 30 ans s'entêta et courut le lendemain. Elle atteignit le stade panathénaïque en 5 heures 30, mais on ne la laissa pas entrer. Bien sûr, le jury refusa d'homologuer sa course.

Premier champion des JO de l'ère moderne

L'Américain James Brendan Connolly n'obtint pas l'autorisation de l'université Harvard pour manquer les cours, mais il se rendit tout de même aux Jeux d'Athènes en 1896. Grand bien lui en fit, car le 6 avril, alors âgé de 27 ans, il gagna le premier titre olympique de l'ère moderne en remportant le concours du triple saut face au Français Alexandre Tufféri. Il reçut également une médaille d'argent pour le saut en hauteur et une médaille de bronze pour le saut en longueur. Aux Jeux de Paris, en 1900, il décrocha une médaille d'argent en triple saut. Il revint aux Jeux suivants en tant que journaliste et, après avoir arrêté sa carrière sportive, il devint romancier et nouvelliste. Lorsque Harvard lui décerna le titre de docteur *honoris causa*, il refusa de se rendre à l'université.

La valeur n'attend point le nombre des années

Le plus jeune médaillé olympique de l'histoire se nomme Dimítrios Loúndras. En 1896, à Athènes, à seulement l'âge de 10 ans et 216 jours, cet enfant grec remporta une médaille de bronze aux barres parallèles par équipes.

De la natation à l'architecture

Le 11 avril 1896, à Athènes, le Hongrois Alfréd Hajós qui s'était promis de devenir champion de natation, parce que son père s'était noyé dans le Danube, remporta le 100 mètres nage libre et le 1 200 mètres nage libre. L'épreuve s'était déroulée dans la baie de Zéa dans une eau à 13 °C. Aux Jeux de 1924, à Paris, il décrocha la médaille d'argent d'architecture.

Dans la tradition

La Grèce se fit un devoir de remporter le marathon lors des premiers Jeux olympiques modernes de 1896, à Athènes. Le 10 avril, le départ fut donné dans la ville de Marathon et la ligne d'arrivée était installée au stade panathénaïque, à environ 40 kilomètres, dans la capitale hellène. C'est Spyrídon Loúis qui arriva le premier après avoir parcouru la distance en 2 heures, 58 minutes et 50 secondes.

L'Allemagne numéro 1

Aux Jeux d'Athènes, en 1896, Carl Schuhmann participa à quatre disciplines : la gymnastique artistique, la lutte gréco-romaine, l'haltérophilie et l'athlétisme. Il remporta quatre couronnes olympiques, en cheval d'arçon, en barres parallèles par équipes, en barre fixe par équipes et en lutte gréco-romaine. Il entra dans la légende en devenant le premier champion olympique allemand.

Champions d'escrime

L'escrime est un sport olympique historique. Il était déjà au programme des Jeux d'Athènes. C'est la discipline dans laquelle les athlètes français ont remporté le plus de médailles : 44 en or, 43 en argent et 36 en bronze, soit un total de 123 entre les Jeux d'Athènes, en 1896, et ceux de Tokyo, en 2021.

En famille

À Paris, seules vingt-deux femmes participent aux Jeux de 1900. On compte parmi elles Jeanne Filleul-Brohy et sa cousine Marie Ohnier qui font partie de l'équipe de France de croquet. Issues toutes les deux de familles bourgeoises qui ont fait carrière dans l'armée, l'industrie ou la politique, elles concourent avec les cousins de Marie, Marcel Haëntjens et Jacques Sautereau qui sera le seul à remporter une médaille. Il obtiendra celle en bronze à l'épreuve individuelle deux balles hommes.

Cafouillage

Les Jeux olympiques de 1900 sont organisés à Paris en même temps que l'Exposition universelle. La presse annonce souvent les épreuves sportives sous le titre « l'Exposition ». Ce qui prête à confusion. L'Américaine Margaret Abbott va en faire les frais. La jeune femme, qui étudie l'art en France, notamment avec Auguste Rodin, pratique le golf. Elle décide de se rendre à un tournoi à Compiègne, en compagnie de sa mère qui, elle aussi, est une adepte de ce sport. Cette dernière finira septième, tandis que Margaret sera championne olympique et très étonnée de l'être, car elle pensait participer à une compétition organisée dans le cadre de l'Exposition. Elle est également la première athlète féminine à avoir remporté un titre olympique pour les États-Unis. *La Vie au grand air : revue illustrée de tous les sports* du 19 août consacre plusieurs pages au « concours » et quelques lignes à Margaret : « Le style de Miss Abbott est parfait. Très élégante, il est rare que cette joueuse manque un coup [...] Son succès a été chaleureusement accueilli et a même déchaîné l'enthousiasme de ses exubérants compatriotes. » L'hebdomadaire conclut que les « championnats de golf de l'Exposition laisseront un excellent souvenir aux nombreux joueurs étrangers qui sont venus y prendre part et aux spectateurs qui ont applaudi aux superbes performances réalisées. »

Sacrée championne

La Britannique Charlotte Cooper qui avait remporté sa première victoire en simple dames à Wimbledon en 1895, alors qu'elle était âgée de 25 ans, est la première femme sacrée championne olympique dans une épreuve individuelle. Elle gagna le simple dames de tennis le 11 juillet 1900, aux Jeux de Paris. La veille, elle avait déjà décroché une médaille d'or avec Reginald Frank Doherty pour l'épreuve du double mixte, en battant la Française Hélène Prévost et le Britannique Harold Mahony 6/2 – 6/4.

Et hop !

Originaire d'Autriche, l'Américain Alvin Kraenzlein fut l'un des plus grands champions d'athlétisme du début du XXe siècle. Aux Jeux de Paris, il remporta quatre médailles d'or en individuel – 60 mètres haies, 110 mètres haies, 200 mètres haies et saut en longueur – en trois jours. Un record inégalé pour cette discipline. Kraenzlein inventa aussi la technique du saut jambe tendue au-dessus de la haie afin de limiter la perte de temps sur l'obstacle, employée depuis par les athlètes.

L'unique

Se rendre aux Jeux de Saint-Louis, en 1904, coûte trop cher, et les pays européens hésitent à envoyer des athlètes. C'est le cas de la France qui choisit de n'en faire partir aucun pour les États-Unis. Pourtant, l'Hexagone est représenté par un athlète, le marathonien Albert Corey. Ce fils de viticulteur, qui a déserté l'armée pour venir s'installer aux États-Unis, remporte une médaille d'argent au marathon et une médaille d'argent au 4 miles par équipes. Ses médailles sont comptabilisées pour les États-Unis, puisqu'il y réside. Ce n'est qu'en 2021 que le Comité international olympique (CIO) reconnaît qu'Albert Corey était bien Français et non Américain. Sa médaille d'argent au marathon doit alors être comptabilisée pour la France.

Force mentale

Durant sa jeunesse, George Eyser eut un accident avec un train et perdit une partie de sa jambe gauche. On lui mit une prothèse en bois, mais cela ne l'empêcha pas de devenir un grand sportif. Ce gymnaste américain participa aux Jeux de Saint-Louis et remporta six médailles. Trois en or, à la montée de corde, au saut de cheval, aux barres parallèles ; deux en argent au combiné quatre épreuves et au cheval d'arçon et une en bronze à la barre fixe.

Auto-stop

Alors que la fille du président Théodore Roosevelt allait lui remettre la médaille d'or aux Jeux olympiques de Saint-Louis, des témoins signalèrent que Fred Lorz avait effectué une partie du marathon en voiture. L'athlète, qui comme ses concurrents souffrait de la chaleur, reconnut s'être fait déposer en automobile sur la fin du parcours pour n'avoir à courir que les derniers kilomètres. La médaille revint finalement à Thomas Hicks, mais aujourd'hui lui aussi aurait été disqualifié, car on lui avait administré de la strychnine et de l'eau-de-vie pour lui redonner des forces. Fred Lorz sortit du stade hué, néanmoins cette déconvenue ne l'empêcha pas de gagner le marathon de Boston l'année suivante.

The first

L'Américain George Poage est le premier athlète noir à avoir décroché une médaille aux Jeux olympiques. À Saint-Louis, il obtint une médaille de bronze au 200 mètres haies, puis une seconde au 400 mètres haies.

LE BEL ÂGE

Le Suédois Oscar Swahn est le plus âgé des olympiens. En 1908 aux Jeux de Londres, il avait 60 ans quand il remporta l'épreuve du tir au cerf courant, coup simple, puis une seconde médaille d'or, le lendemain, pour la même épreuve mais par équipes, puis une médaille de bronze pour le tir au cerf courant, coup double. Aux Jeux de Stockholm, en 1912, il obtint de nouveau l'or à l'épreuve par équipes de tir coup simple et le bronze à l'épreuve du tir coup double. En 1920, aux Jeux d'Anvers, Oscar Swahn avait 72 ans lorsqu'il décrocha une médaille d'argent au tir au cerf courant, coup double, par équipes. Il concourut également dans les épreuves individuelles et par équipes de tir coup simple où il se classa respectivement septième et quatrième.

1 + 1 = 1

Aux Jeux de Londres, l'Australie et la Nouvelle-Zélande, deux pays du Commonwealth, sont représentées par une même délégation, l'Australasie. Elle remportera six médailles, dont une en or, deux en argent et trois en bronze.

Mieux vaut tard que jamais

En 1912, lors des olympiades de Stockholm, le Japonais Shizō Kanakuri court le marathon. Alors qu'il vient d'effectuer 27 kilomètres, il est pris de malaise. La température extérieure est proche de 35 °C. Des spectateurs lui donnent à boire et lui proposent de s'allonger quelques instants. Shizō Kanakuri accepte et ne se réveillera que le lendemain. Honteux d'avoir si mal représenté son pays et craignant d'être la risée de tout le monde, il se rend au port incognito et rentre au Japon. Pendant ce temps, ne l'ayant pas vu passer la ligne d'arrivée et ne le trouvant pas sur la liste des athlètes qui ont abandonné, la police de Stockholm le recherche partout. En 1967, Shizō Kanakuri sera invité par le Comité national olympique suédois pour terminer sa course. Âgé de 76 ans, il reprend le marathon là où il l'avait arrêté et arrive cahin-caha au stade olympique de Stockholm 54 ans, 8 mois, 6 jours, 8 heures, 32 minutes, 20 secondes et 3 dixièmes après son premier départ. Il ne décrocha pas de titre olympique, mais le record du plus long marathon de l'histoire.

Réhabilité

L'Américain Jim Thorpe remporte le pentathlon et le décathlon aux Jeux de Stockholm. Soupçonné d'avoir reçu de l'argent, il voit ses médailles lui être retirées et il est radié à vie. Il sera réhabilité en 1982 et l'on remettra ses médailles à sa fille.

L'empereur de l'escrime

L'italien Nedo Nadi et son frère Aldo furent formés à l'escrime dès leur plus jeune âge par leur père Giuseppe, qui était maître d'armes. À 14 ans, en 1908, Nedo est sélectionné pour faire une démonstration, en Autriche, devant l'empereur François-Joseph Ier qui célèbre son jubilé. Aux Jeux de Stockholm, Nedo remporte la médaille d'or au fleuret individuel, devenant le plus jeune escrimeur sacré champion olympique. Les Jeux suivants sont annulés en raison de la Première Guerre mondiale, durant laquelle il prend part aux combats. Il participe de nouveau aux Jeux à Anvers, en 1920, où il décroche cinq titres olympiques sur les six épreuves : au sabre individuel, au fleuret individuel, au fleuret par équipes, à l'épée par équipes et au sabre par équipes. Aldo, lui, remporte l'or à l'épée par équipes, au fleuret par équipes, au sabre par équipes, et l'argent au sabre individuel. Après leurs performances, les deux frères traversent l'Atlantique. Nedo part enseigner en Amérique du Sud tandis qu'Aldo devient entraîneur aux États-Unis. Nedo reviendra dans son pays natal où il sera président de la fédération italienne d'escrime, jusqu'à sa mort en 1940.

Interminable

Aux Jeux de Stockholm, la demi-finale des poids moyens de lutte gréco-romaine ne durera pas moins de 11 heures, sous un soleil de plomb. Le Russe Martin Klein finit par battre le Finlandais Alfred Asikainen, le champion du monde en titre, mais il était tellement épuisé qu'il ne put combattre le lendemain. La médaille d'or revint au Finlandais Claes Johanson.

Éteints aux Jeux

Quatre athlètes trouvèrent la mort durant les Jeux olympiques. À Stockholm, en 1912, le coureur à pied portugais Francisco Lázaro s'était enduit le corps de cire pour se protéger du soleil. Une erreur qui le fit mourir de déshydratation. À Rome, en 1960, le coureur danois Knud Enemark Jensen, victime d'un coup de chaleur, s'effondra sur son vélo. Les analyses révéleront qu'il était dopé aux amphétamines. Aux Jeux d'hiver, le skieur de vitesse suisse Nicolas Bochatay percute un engin de damage lors de l'entraînement précédant cette épreuve, aux Jeux d'Albertville, en 1992. À Vancouver, en 2010, le lugeur géorgien Nodar Kumaritashvili est victime d'une sortie de piste à plus de 140 kilomètres à l'heure sur la piste d'entraînement de Whistler. Il heurte un pilier et décède.

Un père sportif

John Brendan Kelly, le père de Grace Kelly, future princesse de Monaco, fut champion olympique d'aviron en 1920 et 1924. Il remporta deux médailles d'or aux Jeux d'Anvers et une médaille d'or aux Jeux de Paris. Après sa carrière sportive, il fit fortune en créant une entreprise de briques et de ciment à Philadelphie, aux États-Unis.

Enfant de la balle

Meilleure joueuse de tennis de tous les temps, la Française Suzanne Lenglen a été championne du monde à 15 ans. Elle a remporté à six reprises le tournoi de Roland-Garros et six fois celui de Wimbledon. Aux Jeux d'Anvers, elle a décroché la médaille d'or au simple dames face à la Britannique Dorothy

Holman, une médaille d'or en double mixte avec Max Decugis et une médaille de bronze en double dames avec Élisabeth d'Ayen. Le 4 juillet 1938, alors qu'elle n'avait que 39 ans, elle mourut d'une leucémie. Le lendemain, les journaux lui rendirent hommage. À sa une, *Le Petit Journal* écrit : « Suzanne Lenglen est morte – Celle qui fut la championne incontestée du tennis mondial a succombé à une crise d'anémie. Sa disparition soulève une vive émotion en France et en Angleterre où elle jouissait d'une immense popularité. » *Le Figaro* dans son chapeau raconte : « sa carrière éblouissante peut-être citée en exemple à tous les sportifs [...] » Le second plus grand court de Roland-Garros, après le court Philippe-Chatrier, porte son nom et depuis 1979, la coupe Suzanne-Lenglen récompense la lauréate du simple dames.

La sirène américaine

Aux Jeux d'Anvers, l'Américaine Ethelda Bleibtrey remporte toutes les épreuves de natation féminine, alors qu'elle n'a que 18 ans. L'année précédente, elle avait été arrêtée sur une plage de Manhattan Beach, car elle avait eu l'impudence de se baigner sans paire de bas. Elle risquait la prison, mais la population prit son parti et les autorités, pourtant très prudes, autorisèrent désormais les femmes à se baigner les jambes découvertes.

Erreur de discipline

L'athlète américain Robert LeGendre battit le record du monde de saut en longueur avec 7,76 mètres, aux Jeux de Paris, en 1924, mais il ne remporta pas de médaille d'or dans cette discipline, car c'est à l'épreuve du pentathlon qu'il fit cette performance. Il décrocha seulement une médaille de bronze tandis que l'Américain William DeHart Hubbard fut champion olympique de l'épreuve de saut en longueur avec « seulement » 7,44 mètres.

Falsification de papiers

Né János Péter Weissmüller, en Hongrie, le 2 juin 1904, le célèbre nageur Johnny Weissmüller émigre aux États-Unis avec ses parents à l'âge de sept mois. À la chute de l'Empire austro-hongrois, la famille devient apatride, hormis Peter junior, son frère, qui a vu le jour en 1905, en Pennsylvanie et qui est donc américain de naissance. En tant qu'apatride, Johnny Weissmüller ne pouvait pas participer aux Jeux olympiques, alors pour venir à Paris, en 1924, il falsifia ses papiers, faisant croire ainsi qu'il était né en Pennsylvanie. Compte tenu de son palmarès olympique, les États-Unis ne lui en tinrent pas rigueur et lui accordèrent même la nationalité américaine.

Rescapé

Né en Suisse, en 1891, de parents américains, Richard « Dick » Norris Williams commença le tennis à l'âge de 12 ans. Au printemps 1912, il est accepté à l'université Harvard et s'embarque avec son père pour les États-Unis, sur le *Titanic*. Le 14 avril, le paquebot heurte un iceberg et tandis que son père tente de le rejoindre dans un canot de sauvetage, il est tué par la chute d'une cheminée. Dick reste des heures les jambes dans l'eau glacée et, après avoir été secouru, le médecin qui l'examine souhaite l'amputer. Le jeune homme refuse et marche jusqu'à ressentir de nouveau ses jambes. Il reprendra le tennis et le 21 juillet 1924, il décrochera l'or aux Jeux de Paris.

Un bassin pour Tarzan

La piscine des Tourelles, dans le 20e arrondissement de Paris, est la première piscine olympique de 50 mètres construite en France. Elle fut bâtie pour les Jeux de 1924. C'est dans ce bassin à ciel ouvert que le nageur américain Johnny Weissmüller décrocha trois médailles d'or dans les épreuves du 100 mètres et 400 mètres nage libre et le relais 4 × 200 mètres nage libre, ainsi qu'une médaille de bronze avec l'équipe de water-polo, en seulement trois jours. En 1928, la star de la natation remporta l'or au 100 mètres nage libre et au relais 4 × 200 mètres nage libre. Durant sa carrière, Johnny Weissmüller comptabilisera

67 records du monde et 52 titres de champion des États-Unis. Il deviendra ensuite mannequin pour une marque de sous-vêtements, puis sera choisi par Hollywood pour incarner Tarzan dans douze films.

Des JO à la Manche

Fille des migrants allemands, l'Américaine Gertrude Ederle n'a que 18 ans lorsqu'elle remporte trois médailles en natation – une en or et deux en bronze – aux Jeux de Paris. Deux ans plus tard, le 6 août 1926, elle est la première femme à traverser la Manche à la nage.

Très nature

Alors qu'il disputait l'épreuve de skiff aux Jeux d'Amsterdam, le rameur australien Henry Pearce s'arrêta pour laisser passer une cane et ses canetons. Il se qualifia tout de même et devint champion olympique. Un titre qu'il conserva aux Jeux suivants.

Misogynie

C'est aux Jeux d'Amsterdam, en 1928, que pour la première fois, les femmes peuvent participer à une épreuve de gymnastique artistique et à des disciplines d'athlétisme comme le 100 mètres, le relais 4 × 100 mètres, le saut en hauteur, le lancer du disque et le 800 mètres. Ce dernier est remporté par l'Allemande Karoline Radke, plus connue sous le nom de Lina Radke, qui bat le record mondial en 2 minutes, 16 secondes et 9 centièmes, et devient la première femme allemande médaillée olympique. Cependant le CIO aurait constaté que les femmes avaient atteint la ligne d'arrivée totalement épuisées. Il en conclut qu'elles étaient trop fragiles pour le 800 mètres et décida de supprimer cette épreuve. Elle ne reviendra au programme qu'en 1960, aux Jeux de Rome.

Une médaille et une fiancée

Aux Jeux d'Amsterdam, le prince héritier Olav de Norvège, futur roi Olav V, remporta l'épreuve de voile catégorie six mètres avec ses trois équipiers. C'est aussi durant ces olympiades qu'il se rapprocha de Märtha Sophie Louise Dagmar Thyra de Suède, sa cousine germaine, qu'il épousa le 21 mars 1929.

Miraculée

Aux Jeux d'Amsterdam, l'Américaine Betty Robinson remporte la médaille d'or au 100 mètres et la médaille d'argent au relais 4 × 100 mètres. Au mois de juin 1931, alors qu'elle se prépare pour les Jeux de Los Angeles, elle est victime d'un accident d'avion. On retrouve son corps dans les débris et la croyant morte, on la conduit à la morgue. Le médecin légiste s'aperçoit qu'elle est vivante, mais dans le coma. Elle y restera plusieurs semaines et lorsqu'elle se réveillera, les docteurs penseront qu'elle ne remarchera jamais. Après deux années de convalescence et des séquelles irréversibles au genou, Betty trouve tout de même la force de participer aux Jeux de Berlin, en 1936, et elle remporte la médaille d'or au relais 4 × 100 mètres.

Médaille de l'honnêteté

Aux Jeux de Los Angeles, en 1932, le jury s'apprête à déclarer l'escrimeuse britannique Judy Guinness championne olympique lorsqu'elle signale aux arbitres qu'ils ont omis de comptabiliser deux touches en faveur de l'Autrichienne Ellen Preis, son adversaire. Cette dernière décroche alors la médaille d'or tandis que Judy Guinness se voit décerner celle d'argent.

Un tour pour la gloire

Aux Jeux de Los Angeles, pendant l'épreuve du 3000 mètres steeple, les juges, sidérés par les performances du Finlandais Volmari Iso-Hollo, oublièrent de sonner la cloche qui marquait le tour d'arrivée. Iso-Hollo et ses concurrents firent donc un tour de plus, soit 3460 mètres au lieu des 3000 mètres.

Cheval au singulier

Aux Jeux de Los Angeles, Takeichi Nishi, futur officier de l'armée impériale japonaise, s'impose sur Uranus, au concours équestre de saut d'obstacles individuel. Il demeure à ce jour l'unique médaillé japonais en équitation.

Ségrégation

En 1936, aux Jeux de Berlin, l'athlète afro-américain Jesse Owens, petit-fils d'esclaves, remporta quatre médailles d'or : au 100 mètres, au saut en longueur, au 200 mètres, et au relais 4 × 100 mètres. Hitler se contenta, pour le féliciter, de lui adresser un petit signe de la main. Dans ses mémoires, Owens racontera que, contrairement à ce qui avait été dit notamment dans la presse, Hitler ne l'avait pas dédaigné, mais qu'en revanche, en pleine période de ségrégation raciale aux États-Unis, le président Franklin Delano Roosevelt ne lui adressa même pas un télégramme.

Rescapé de l'enfer

Né en 1915 à Constantine, en Algérie, Alfred Nakache, connu sous le surnom d'Artem, le poisson, avait concouru pour la France aux Jeux de Berlin et était arrivé quatrième avec l'équipe de relais 4 × 100 mètres. Cinq ans plus tard, il établit un record d'Europe au 200 mètres brasse, détenu jusqu'alors par le champion allemand, Jochen Balke. Nakache étant juif, cela déclencha les foudres des antisémites et il se vit interdit de compétition. Des nageurs français démissionnèrent pour le soutenir, sans succès. En janvier 1944, à la suite d'une dénonciation, il fut déporté à Auschwitz avec son épouse, Paule, et leur fille qui, elles, ne reviendront jamais. Après la libération du camp de Buchenwald où il avait été transféré, Nakache se remit à la natation. Il fit partie de l'équipe de France qui établit le record du monde du relais 3 × 100 mètres, puis devint champion de France du papillon et du relais 4 × 100 mètres. Aux Jeux de Londres, en 1948, il nagea le 200 mètres brasse, parvint en demi-finale, et fut également membre de l'équipe de France de water-polo. Exemple de courage et de résilience, il mourra en 1983, après avoir fait un malaise tandis qu'il nageait dans le port de Cerbère, dans les Pyrénées-Orientales.

TOP SPORTLER

Le gymnaste allemand Konrad Frey est l'athlète qui a remporté le plus de médailles aux Jeux de Berlin. Il a obtenu trois médailles d'or, aux barres parallèles, au cheval d'arçon et au concours général par équipes ; une médaille d'argent en barre fixe et deux médailles de bronze au concours général individuel et au sol.

Péché de gourmandise

Aux Jeux de Berlin, le boxeur sud-africain Thomas Hamilton-Brown pensait avoir perdu le combat. Il alla se consoler en faisant un festin. Quelques jours plus tard, lorsque les juges le déclarèrent vainqueur, son poids avait dépassé celui de la catégorie pour laquelle il avait concouru, entraînant sa disqualification.

Jeunette

Née en 1922 à Los Angeles, Marjorie Gestring remporte la médaille d'or au plongeon, tremplin à 3 mètres féminin, aux Jeux de Berlin. L'athlète n'a que 13 ans et 9 mois, ce qui fait d'elle la plus jeune championne olympique féminine de l'histoire des Jeux d'été.

IL GRANDE

Avec treize médailles, Edoardo Mangiarotti est le plus grand champion olympique d'Italie. Il a commencé l'escrime à 8 ans, et sur les conseils de son père, Giuseppe, qui était maître d'armes et avait participé aux Jeux de Londres en 1908, il est devenu gaucher pour que ses adversaires aient davantage de difficultés à le battre. En cinq éditions, de 1936 à 1960, Edoardo remporte treize médailles, dont six en or, à l'épée et au fleuret. Ses frères, eux aussi escrimeurs, se distinguent également. Dario décrocha une médaille d'argent aux Jeux de Londres, en 1948, puis une médaille d'or et une médaille d'argent à ceux d'Helsinki, quatre ans plus tard. Mario, lui, obtient la médaille d'argent au championnat du monde d'escrime à Stockholm, en 1951. Edoardo sera le porte-drapeau de la délégation italienne à Melbourne et à Rome et mettra fin à sa carrière sportive en 1961. Il continuera à assister à tous les Jeux olympiques, jusqu'à ceux de Beijing, en 2008, alors qu'il avait 89 ans. Il s'éteindra le 25 mai 2012, quelques semaines avant l'ouverture des Jeux de Londres.

THE FIRST LADY

En 1948, aux Jeux de Londres, Audrey Patterson-Tyler décroche le bronze au 200 mètres féminin, devenant la première femme afro-américaine à remporter une médaille olympique.

LE GRAND SAUT

En 1948, aux Jeux de Londres, Alice Coachman devient, elle, la première femme afro-américaine à remporter un titre de championne olympique. Elle passe la barre de 1,68 mètre en saut en hauteur et reçoit sa médaille des mains du roi George VI. En 1952, elle sera aussi la première femme noire avec qui Coca-Cola signera un contrat publicitaire. On la verra sur une affiche aux côtés de Jesse Owens, chacun une bouteille de soda à la main, avec ces slogans : « *Quality you can trust, drink Coca-Cola – Olympic Track and Field Champions.* » Une autre affiche la montrera seule, souriante, en short, encore une bouteille de soda à la main. Sous son nom, le même slogan : « *Olympic Track and Field Champion* », et « *Drink Coca-Cola* » au-dessus des anneaux olympiques.

L'athlète du siècle

Surnommée « la ménagère volante », la Néerlandaise Fanny Blankers-Koen est la star des Jeux de Londres. Elle remporte quatre médailles d'or, sur le 100 mètres, le 200 mètres, le relais 4 × 100 mètres et le 80 mètres haies, une épreuve qu'elle n'aurait jamais dû disputer, car elle se déroulait en même temps que celle du saut en longueur pour laquelle elle était championne en titre. En préférant concourir au 80 mètres haies, elle devint la première femme quadruple championne olympique. En 1999, elle sera désignée athlète féminine du XXe siècle par l'Association internationale des fédérations d'athlétisme.

Main gauche adroite

En 1938, lors d'un entraînement militaire, le Hongrois Károly Takács eut la main droite arrachée par une grenade. Il mit à profit sa convalescence pour s'entraîner à tirer de la main gauche. À force de ténacité, à Londres, il décrocha le titre de champion olympique de tir au pistolet à feu rapide à 25 mètres, qu'il conserva quatre ans plus tard aux Jeux d'Helsinki.

Résilience

Alors qu'il n'avait que 20 ans, le Belge Étienne Gailly s'évada de son pays occupé par les Allemands, en 1943. Il traversa la France, puis fut arrêté en Espagne. Après six mois d'incarcération, il rejoignit les forces belges libres en Angleterre, devint parachutiste et participa au débarquement, en 1944. Il avait tellement été atterré par la guerre, qu'il se promit d'offrir une médaille olympique à son pays. Fidèle à la parole donnée, Gailly décrocha la médaille de bronze au marathon des Jeux de Londres, alors qu'il ne s'était jamais entraîné dans cette discipline. Il reçut également le trophée national du Mérite sportif, une distinction belge récompensant le meilleur sportif belge de l'année. Gailly mit fin à sa carrière sportive quelques années plus tard, après avoir été blessé en marchant sur une mine durant la guerre de Corée.

Plongeon mémorable

En 1952, aux Jeux d'Helsinki, le Français Jean Boiteux remporta le 400 mètres nage libre devant le nageur américain Ford Konno. Gaston Boiteux fut tellement heureux que son fils soit champion olympique qu'il sauta tout habillé, béret vissé sur la tête, dans le bassin. La photo du père et du fils enlacés dans le couloir n° 4 fera le tour du monde. Jean Boiteux obtiendra aussi une médaille de bronze en 4 × 200 mètres nage libre. Ford

Konno, lui, décrochera deux médailles d'or sur 1 500 mètres nage libre et en relais 4 × 200 mètres nage libre et une médaille d'argent sur le 400 mètres nage libre.

Inséparables

Emil Zátopek et son épouse, Dana Zátopková, étaient nés tous les deux le 19 septembre 1922. C'est aussi le même jour et la même année, en 1952 aux Jeux d'Helsinki, qu'ils devinrent champions olympiques. Aux Jeux d'Helsinki, Dana obtint la médaille d'or au lancer du javelot à peine une heure après que son mari eut décroché l'or pour le 5 000 mètres. L'athlète tchécoslovaque remporta également l'or pour le 10 000 mètres et le marathon. Il aura été le seul coureur à avoir gagné ces trois épreuves dans une même édition de Jeux et restera considéré comme le meilleur coureur de tous les temps.

Championne de médailles

La gymnaste russe Larissa Latynina est l'athlète féminine la plus médaillée des Jeux olympiques, tous sports confondus. Entre 1956 et 1964 elle a obtenu neuf médailles d'or, cinq en argent et quatre en bronze.

Au taquet

La gymnaste Larissa Latynina est la première athlète féminine à avoir remporté neuf titres olympiques. Quatre à Melbourne, en 1956, trois à Rome, en 1960, et deux à Tokyo en 1964. Durant quarante-huit ans, elle fut l'athlète la plus médaillée des Jeux en ayant gagné dix-huit médailles en gymnastique, pour l'Union soviétique. Son record ne fut battu qu'aux Jeux de Londres, en 2012, par le nageur américain Michael Phelps.

Premier athlète d'Afrique noire médaillé d'or

Sélectionné pour remplacer un coureur blessé, l'Éthiopien Abebe Bikila remporta le marathon des Jeux de Rome en 2 heures, 15 minutes et 16 secondes. Un record mondial. N'ayant trouvé aucune chaussure qui lui convenait, car la plante de ses pieds avait développé une corne épaisse, il fit l'épreuve pieds nus. Il décrocha une seconde médaille d'or aux Jeux de Tokyo, en 1964, en effectuant le marathon en 2 heures, 12 minutes et 11 secondes. Un nouveau record du monde, mais cette fois avec des chaussures de sport. Abebe Bikila semblait prédestiné, car il était né le 7 août 1932, le jour où se déroula le marathon aux Jeux olympiques de Los Angeles.

Stress et performances

Médaille d'argent aux Jeux de Rome, la gymnaste tchécoslovaque Věra Čáslavská remporta trois médailles d'or et une en argent aux Jeux de Tokyo, en 1964. Lors des olympiades suivantes, les chars soviétiques avaient envahi son pays et, craignant d'être arrêtée, elle s'enfuit dans la montagne et s'entraîna dans les arbres. Elle fut autorisée par le gouvernement à rejoindre l'équipe tchèque à Mexico où, malgré l'immense pression qu'elle subit – Věra Čáslavská avait signé le manifeste des « Deux mille mots » condamnant l'ingérence de l'Union soviétique – elle battit des athlètes de l'URSS. Elle remporta quatre médailles d'or et deux d'argent.

Changement de nom

Âgé de 18 ans, le boxeur afro-américain Cassius Clay remporte la médaille d'or dans la catégorie des poids mi-lourds (75-81 kg) aux Jeux de Rome. Converti à l'Islam en 1964, il prend le nom de Mohamed Ali. Lors des célébrations du centenaire des Jeux olympiques modernes à Atlanta, en 1996, ce grand boxeur, alors diminué par la maladie de Parkinson, reçut l'honneur d'allumer la flamme olympique.

Émouvant clin d'œil

En 1964, aux Jeux de Tokyo, le drapeau olympique est hissé à la hauteur de 15,21 mètres en hommage à Mikio Oda, le premier champion olympique de son pays dans une épreuve individuelle. L'athlète avait remporté une médaille d'or en triple saut aux Jeux d'Amsterdam, en 1928 avec un saut de 15,21 mètres.

La bague au doigt

Aux Jeux de Tokyo, Diana Yorgova, 21 ans, spécialiste du saut en longueur, épouse le gymnaste Nikola Prodanov dans le village olympique. Cinquante-neuf ans plus tard, les deux athlètes bulgares filent toujours le parfait amour.

Manque d'air

Le choix d'attribuer les Jeux à la ville de Mexico fut épineux, car la capitale mexicaine est située à 2 300 mètres d'altitude et le manque d'oxygène allait poser des problèmes aux athlètes, notamment pour les épreuves d'endurance comme la course à pied et le cyclisme. En revanche, ce fut un avantage pour les épreuves qui nécessitaient un effort bref et intense telles que l'haltérophilie et le saut. L'Américain Bob Beamon fit un saut d'une longueur de 8,90 mètres. Un record du monde qu'il détiendra pendant vingt-trois ans.

En larmes

Le 16 octobre 1968, à Mexico, couloir 5, Colette Besson, qui porte le dossard 117, se surpasse dans la dernière ligne droite. Elle remporte le 400 mètres en 52 secondes, devant la Britannique Lillian Board qui était pourtant la favorite. Professeur de sport dans une école de La Réole, en Gironde, Colette Besson est la première française, hommes et femmes confondus, à décrocher une médaille d'or au 400 mètres. Elle a 22 ans et éprouve une telle émotion lorsque *La Marseillaise* retentit qu'elle fond en larmes. Quelques semaines plus tard, lorsqu'elle sera reçue à l'Élysée par Charles de Gaulle, le général lui avouera qu'en la regardant, il a lui aussi versé une larme.

Du stade au ministère

Plusieurs ministres des Sports français se sont distingués dans des stades olympiques avant d'obtenir leur portefeuille. C'est le cas de Guy Drut qui remporta une médaille d'argent au 110 mètres haies en 1972, aux Jeux de Munich, et une médaille d'or, encore au 110 mètres haies, en 1976 à Montréal. La ministre déléguée chargée des sports, Laura Flessel, surnommée la Guêpe, décrocha une médaille d'or en épée et une médaille d'or en épée par équipes aux Jeux d'Atlanta, en 1996 ; une médaille de bronze en épée en 2000 aux Jeux de Sidney ; une médaille de bronze en épée par équipes et une médaille d'argent en épée en 2004 aux Jeux d'Athènes. Enfin Roxana Maracinéanu reçut une médaille d'argent au 200 mètres dos, aux Jeux de Sidney.

Case prison

Aux Jeux de Munich, en 1972, l'Éthiopien Miruts Yifter termine troisième au 10000 mètres et se qualifie pour la finale du 5000 mètres. Cependant, il arrive en retard et rate la course. Des mésaventures qui lui vaudront, dès qu'il reviendra dans son pays, d'être condamné à trois ans de prison pour avoir trahi sa patrie en ne rapportant pas une médaille d'or. Il purgea à sa peine et ne put se refaire en 1976, à Montréal, puisque l'Éthiopie, à l'instar de la quasi-totalité des pays africains, boycotta les Jeux en signe de protestation contre l'autorisation donnée à la Nouvelle-Zélande de participer aux olympiades. Ce n'est qu'aux Jeux de Moscou, en 1980, que Miruts Yifter reçut enfin non pas une, mais deux médailles d'or en 5000 mètres et 10000 mètres.

Captain Canada

Le cavalier canadien Ian Millar détient le record de participation aux Jeux olympiques d'été. Entre 1972 et 2012, il ne manqua qu'une olympiade, celle de 1980 pour laquelle il était sélectionné, mais la commission canadienne boycotta les Jeux de Moscou. Néanmoins, au cours de ses dix participations, il ne remporta qu'une médaille en argent pour l'épreuve de saut d'obstacles par équipes, aux Jeux de Pékin, en 2008.

Cavalières royales

Le 17 juillet 1976, en tant que cheffe du Commonwealth, la reine Élisabeth II participe à l'ouverture des Jeux de Montréal, au stade olympique. Pour la première fois, un membre de la famille royale britannique, la princesse Anne, sa fille, fait partie des concourants. À la différence des autres athlètes féminines, elle ne subira pas le test de féminité. Pourtant cavalière hors pair, la jeune femme de 25 ans fait une chute de son cheval Goodwill, et rentrera en Grande-Bretagne sans médaille. Elle fut moins chanceuse que son premier mari Mark Phillips, qui remporta la médaille d'or au concours complet d'équitation par équipes aux Jeux de Munich, en 1972, et une médaille d'argent aux Jeux de Séoul, en 1988. Leur fille, Zara Phillips, elle aussi excellente cavalière, remporta une médaille d'argent au concours complet par équipes, avec son cheval High Kingdom, au parc royal de Greenwich, lors des Jeux de Londres.

L'EXCELLENCE IMPRÉVUE

Le 18 juillet 1976, aux Jeux de Montréal, avec son enchaînement aux barres asymétriques, Nadia Comăneci est la première gymnaste de l'histoire olympique à obtenir une note parfaite de 10. Un résultat qui fait bugger le tableau d'affichage, car on n'avait pas imaginé qu'un athlète puisse obtenir la note maximale. La jeune Roumaine de 14 ans voit s'afficher un 1.00, mais sous les acclamations du public, elle comprend très vite qu'il s'agit d'un incident technique.

TOUCHÉ N'EST PAS JOUÉ

Boris Onishchenko, l'un des principaux membres de l'équipe nationale d'Union soviétique de pentathlon moderne, ne trouva pas mieux, aux Jeux de Montréal, que de trafiquer son épée. Il la dota d'un système qui permettait de faire allumer la table de marque sans toucher l'adversaire. Le subterfuge fut découvert lors de l'épreuve du 19 juillet et Onishchenko se vit exclure du pentathlon moderne. Le jeu n'en valait pas la chandelle, car compte tenu de son niveau, sans supercherie, il aurait eu de fortes chances de remporter la médaille d'or.

Future ministre

En 1984, aux XIIe Olympiades, à Los Angeles, la Marocaine Nawal El Moutawakel remporte la médaille d'or au 400 mètres haies et devient la première femme d'un pays musulman sacrée championne olympique. Parallèlement à sa carrière sportive et au sein du CIO, la jeune femme originaire de Casablanca sera secrétaire d'État auprès du ministre des Affaires sociales chargé de la jeunesse et des sports, puis ministre de la Jeunesse et des Sports.

Gagné mais pas compté

Arianne Cerdeña est la première Philippine championne olympique. Elle a obtenu une médaille d'or à Séoul, en 1988, au bowling. Cependant, comme il s'agissait d'un sport de démonstration, la médaille n'a pas été comptée par le Comité international olympique dans le décompte officiel.

De la balle

Supprimé après les Jeux de 1924, le tennis fit sa réapparition à Séoul. Le Tchécoslovaque Miloslav Mečíř battit l'Américain Tim Mayotte en finale et remporta le tournoi messieurs, tandis que l'Allemande Steffi Graf battit l'Argentine Gabriela Sabatini en finale du tournoi féminin. Elle avait déjà obtenu la médaille d'or quatre ans plus tôt, à Los Angeles, mais le tennis faisait partie des épreuves de démonstration.

Course en or

Spécialiste de la course demi-fond, l'Algérienne Hassiba Boulmerka remporta l'or, au 1 500 mètres, aux Jeux de Barcelone, en 1992, devenant la première championne olympique de son pays.

Du tatami à l'Assemblée

Champion de France junior à l'âge de 19 ans, dans la catégorie + 95 kg, en 1988, le judoka David Douillet devient champion de France à 22 ans. Il participe pour la première fois aux Jeux olympiques à Barcelone, où il obtient une médaille de bronze dans la catégorie poids lourds. À Atlanta, en 1996, il devient champion olympique et conserve son titre en 2000, à Sidney. Dans les années 2010, il embrassera une carrière politique, devenant notamment secrétaire d'État chargé des Français à l'étranger, ministre des Sports, député et conseiller régional d'Île-de-France.

Main dans la main

La fin de l'apartheid, le 30 juin 1991, permit à l'Afrique du Sud de réintégrer les Jeux olympiques à Barcelone, trente ans après avoir été exclue. Pour souligner l'abolition de ce régime, l'Éthiopienne Derartu Tulu, championne olympique du 10 000 mètres féminin, fit un tour d'honneur du stade en tenant par la main la Sud-Africaine blanche Elana Meyer, qui avait reçu la médaille d'argent.

Le règlement, c'est le règlement

Aux Jeux de Barcelone, le skipper canadien Hank Lammens fut disqualifié pour avoir oublié son gilet de sauvetage.

Première

En 1996, à Atlanta, Ghada Shouaa décroche la médaille d'or en heptathlon. Elle est la première et la seule, jusqu'à aujourd'hui, championne olympique syrienne.

Gloire des Hellènes

Aux Jeux de Barcelone, Pýrros Dímas remporte la seconde médaille d'or pour la Grèce en haltérophilie, depuis 1904. Il décrochera un deuxième titre olympique à Atlanta, un troisième à Sidney, en 2000, puis une médaille de bronze à Athènes, en 2004, avant de prendre sa retraite. Il reste toujours le plus grand champion olympique de Grèce.

La Gazelle

Après Kiki Caron, en 1968, Marie-José Pérec fut, à Atlanta, la seconde femme française porte-drapeau. Durant ces olympiades, elle devint également la première coureuse à avoir remporté le 400 mètres à deux reprises – elle avait obtenu une médaille d'or aux Jeux de Barcelone, en 1992 – et la deuxième coureuse à remporter à la fois le 400 mètres et le 200 mètres.

Entraînement scolaire

Quand il était enfant, l'athlète éthiopien Haile Gebrselassie devait parcourir les 10 kilomètres qui séparaient la ferme familiale de son école. Il les faisait en courant, pour imiter ses idoles, Miruts Yifter et Abebe Bikila, respectivement champions olympiques sur le 5000 et le 10000 mètres et au marathon. Très bien entraîné, entre deux championnats du monde, Gebrselassie remporta à son tour la médaille d'or au 10000 mètres, aux Jeux d'Atlanta, en 1996, et de Sydney, en 2000.

Deux drapeaux

Championne olympique du 400 mètres aux Jeux de Sydney, en 2000, Cathy Freeman devient aussi cette année-là le symbole de paix entre les Aborigènes, dont elle tient ses origines, et les Australiens issus de l'immigration européenne. Elle avait été choisie pour allumer la flamme, lors de la cérémonie d'ouverture, et fit son tour d'honneur en portant les drapeaux aborigène et australien.

Impliqué

Le Palois Tony Estanguet a participé à quatre éditions des Jeux olympiques en 2000, 2004, 2008, et 2012 et a remporté trois fois la médaille d'or en canoë slalom monoplace. Porte-drapeau de la délégation française aux Jeux de Pékin en 2008, il est le président du comité d'organisation des Jeux olympiques et paralympiques de Paris en 2024.

Lancers spectaculaires

Si l'épreuve masculine du marteau était déjà disputée aux Jeux de Paris, en 1900, il fallut attendre un siècle pour que l'épreuve féminine soit au programme. À Sydney, la Pologne réussit un doublé hommes/femmes. Kamila Skolimowska, alors âgée de 17 ans, bat le record olympique avec un jet de 71,16 mètres et devient la plus jeune championne olympique de cette discipline. Elle décédera d'une embolie pulmonaire neuf ans plus tard, au Portugal, lors d'un rassemblement de l'équipe polonaise d'athlétisme. Une autre jeune femme polonaise, Anita Włodarczyk, battra ce record avec un jet de 71,56 mètres aux Jeux de Beijing, de 77,60 mètres aux Jeux de Londres, en 2012, puis de 82,29 mètres aux Jeux de Rio. Elle sera trois fois championne olympique entre 2012 et 2021.

Comme un pied

Déjà champion olympique de taekwondo aux Jeux de Sydney, en 2000, le Cubain Ángel Valodia Matos participe aux Jeux de Beijing, en 2008. Alors qu'il combat pour la médaille de bronze, il se blesse un orteil. Un médecin vient l'examiner, mais l'arbitre suédois Chakir Chelbat, jugeant que l'intervention est trop longue, disqualifie Ángel Valodia Matos. Trouvant la décision injuste, l'athlète vient vers l'arbitre et lui assène un coup de pied dans la figure. Cette attitude lui vaut, avec son entraîneur, d'être exclu à vie des compétitions internationales de taekwondo.

Champion des champions

Le nageur américain Michael Phelps détient le record du plus grand nombre de médailles olympiques. Il en comptabilise vingt-huit. Six en or et deux en bronze aux Jeux d'Athènes, en 2004 ; huit en or aux Jeux de Beijing, en 2008 ; quatre en or et deux en argent aux Jeux de Londres, en 2012 ; cinq en or et une en argent, obtenues aux Jeux de Rio, en 2016.

Frères et sœur

Initiés à la lutte gréco-romaine par le père, Steeve et Christophe Guénot ont respectivement remporté la médaille d'or dans la catégorie des moins de 66 kg et la médaille de bronze dans la catégorie des moins de 74 kg aux Jeux de Beijing, en 2008. Chez les nageurs, Laure Manaudou remporta trois médailles, une en or et une en argent au 400 mètres et au 800 mètres nage libre et une en bronze au 100 mètres dos aux Jeux d'Athènes en 2004. Son frère, Florent, décrocha l'or au 50 mètres nage libre aux Jeux de Londres en 2012, l'argent au 50 mètres nage libre et au relais 4 × 100 mètres nage libre aux Jeux de Rio, en 2016, puis l'argent au 50 mètres nage libre à Tokyo en 2021.

L'homme pressé

Le Jamaïcain Usain Bolt reporta huit médailles d'or au 100 mètres, 200 mètres et relais 4 × 100 mètres, en trois éditions des Jeux olympiques : à Beijing, en 2008, à Londres, en 2012 et à Rio, en 2016. Ses records du monde au 100 mètres et au 200 mètres font de lui l'homme le plus rapide de la planète.

Colombienne à vélo

La championne de BMX Mariana Pajón a remporté une médaille d'or aux Jeux de Londres, en 2012, où elle était porte-drapeau de sa délégation, une seconde aux Jeux de Rio, en 2016, puis une médaille d'argent à Tokyo, en 2020. Elle est la première sportive de Colombie à détenir deux médailles d'or sur les cinq que le pays a obtenues en vingt participations aux Jeux olympiques d'été.

Envolée de médailles

Surnommée l'« écureuil volant », la gymnaste Gabrielle Douglas est la première femme afro-américaine à remporter une médaille d'or au concours général individuel, à Londres. Elle en obtiendra une seconde au concours général par équipes, puis une troisième, pour la même discipline, à Rio, en 2016.

Malédiction

Dans les trois années qui ont suivi les Jeux de Londres, en 2012, pas moins de seize athlètes trouvèrent la mort. Le lutteur gréco-romain micronésien Keitani Graham est emporté par une attaque cardiaque à l'âge de 32 ans, le 2 décembre 2012. Le coureur cycliste d'Afrique du Sud, Burry Stander fut fauché par un taxi le 3 janvier 2013, à 25 ans. Le Britannique Andrew Simpson, double médaillé olympique de voile, chavira le 9 mai 2013, alors qu'il était âgé de 36 ans. Un peu plus d'un mois après, la judoka russe Elena Ivashchenko, 28 ans, se suicida, à l'instar du boxeur australien Billy Ward, le 4 août, alors qu'il venait tout juste d'avoir 20 ans. Le lutteur égyptien Abdelrahman El-Trabely et le tireur thaïlandais Jakkrit Panichpatikum furent assassinés respectivement le 16 août et le 19 octobre. Le 6 novembre, c'est l'haltérophile guatémaltèque Christian López qui succombait à une pneumonie à l'âge de 29 ans et le lutteur russe Besik Kudukhov fut victime d'un accident de la route, le 29 décembre. En 2014, le 4 mai à 31 ans, la tenniswoman britannique Elena Baltacha décéda d'un cancer. La malédiction se poursuivit en 2015, lorsque le 9 mars le boxeur français Alexis Vastine et la nageuse française Camille Muffat, âgés de 28 et 26 ans, eurent un accident d'hélicoptère. L'athlète canadien Daundre Barnaby se noya le 27 mars et le skipper américain Trevor Moore fut porté disparu le 25 juin. Le triathlète français Laurent Vidal s'éteignit d'un arrêt cardiaque à 31 ans, le 10 novembre et l'athlète biélorusse Yulia Balykina sera retrouvée morte dans une forêt, six jours plus tard.

Rio Grande

Aux Jeux de Rio, en 2016, neuf nations obtiennent pour la première fois l'or olympique. Porto Rico, grâce à la tenniswoman Mónica Puig ; le Kosovo qui participait pour la première fois à une olympiade avec Majlinda Kelmendi championne de judo féminin de moins de 52 kg ; le Jordanien Ahmad Abughaush remporte l'or en taekwondo. Le Singapourien Joseph Schooling bat la légende de la natation Michael Phelps au 100 mètres papillon. Hoàng Xuân Vinh décroche l'or pour le Vietnam au tir au pistolet à 10 mètres ; Dilshod Nazarov pour le Tadjikistan, au lancer de marteau ; Cheick Cissé pour la Côte d'Ivoire, en taekwondo ; Ruth Jebet offre sa première médaille d'or au Bahreïn en remportant le 3000 mètres steeple féminin et les Fidji s'emparent de l'or pour l'épreuve du rugby à 7 après avoir battu les Britanniques.

Chute fatale

À Rio, alors que le fleurettiste français Enzo Lefort menait 4 touches à 2 face à l'Allemand Peter Joppich, son téléphone portable tomba de sa poche arrière. Les juges arbitres lui demandèrent de leur remettre pour la fin du combat mais, décontenancé par l'incident, il perdit 15 à 13.

Une poupée en hommage

Aux Jeux de Rio, l'escrimeuse Ibtihaj Muhammad fut la première femme musulmane américaine à porter le hijab lors d'une épreuve olympique. Elle obtint une médaille de bronze au sabre par équipes. Quelques mois plus tard, le groupe américain Mattel réalisa, sur son modèle et en son honneur, une poupée Barbie en tenue d'escrimeuse qui portait le voile. Une première aussi dans l'histoire de la poupée mannequin.

Karaté cas

Le karaté, terme qui signifie « la main vide », s'est développé au XIXe siècle, dans l'île d'Okinawa, au Japon, mais il a fallu attendre les années 1920 pour qu'il soit connu à travers le monde. Il fait son entrée aux Jeux olympiques de 2021, à Tokyo, comme sport additionnel. C'est le Français Steven Da Costa qui, le 5 août 2021, est devenu premier champion olympique de karaté *kumite* en s'imposant dans la catégorie des – 67 kg, contre le Turc Eray Şamdan, 5-0. Ce sera l'unique médaille de la France dans ce sport, tandis que la Turquie remportera quatre médailles : une en argent et trois en bronze, et le Japon trois médailles : une en or, une en argent et une en bronze.

Idyllique Hidilyn

Les Philippines ont participé à toutes les éditions des Jeux olympiques d'été depuis 1924, hormis en 1980. Cependant le pays n'a obtenu sa première médaille d'or qu'aux Jeux de Tokyo, en 2021, grâce à Hidilyn Diaz qui s'est imposée en haltérophilie dans la catégorie des moins de 55 kg. Pour sa performance, l'athlète a reçu de son pays un chèque de 555 000 € et une maison d'une valeur d'un peu plus de 200 000 €.

Pour la bonne cause

Aux Jeux de Tokyo, on a vu le Britannique Tom Daley, champion olympique de plongeon synchronisé à 10 mètres, tricoter dans les tribunes. Il est, certes, passionné par les travaux d'aiguille, mais il tricote aussi dans le but de mettre ses créations aux enchères afin de récolter des fonds pour la recherche contre le cancer du cerveau, une maladie dont son père est décédé.

Une première

Assignée homme à la naissance, l'haltérophile néo-zélandaise Laurel Hubbard fut, en 2021, la première athlète transgenre à participer aux Jeux olympiques. Après des échecs – elle n'est pas parvenue à soulever la barre de 120 kg ni celle de 125 kg – elle a annoncé sa retraite sportive.

Maux de dents

Selon les statistiques établies sur les trois dernières olympiades, ce sont les consultations dentaires qui s'avèrent être les plus demandées par les athlètes. À Paris, en 2024, une cinquantaine de dentistes se tiendront à la disposition des délégations à la polyclinique olympique temporaire, installée dans le village des athlètes, entre Saint-Ouen, Saint-Denis et l'île Saint-Denis. Ce centre de santé sera piloté par l'Assistance publique – Hôpitaux de Paris, AP-HP.

Et le grand gagnant est...

Depuis les Jeux d'Athènes en 1896, ce sont les États-Unis qui ont remporté le plus de médailles. 2656 aux Jeux d'été et 305 aux Jeux d'hiver soit un total de 2941 médailles, dont 1 166 en or, 948 en argent et 827 en bronze. L'Union soviétique occupe encore de nos jours la seconde marche du podium et l'Allemagne la troisième.

Un jour peut-être

Le Vatican est la seule nation souveraine à n'avoir jamais envoyé de délégation d'athlètes aux Jeux olympiques.

LES JEUX PARALYMPIQUES

Il aura fallu que la Seconde Guerre mondiale crée un désastre humain pour qu'un médecin de l'hôpital de Stoke Mandeville, en Grande-Bretagne, ait l'idée d'organiser des Jeux pour ceux qui avaient été mutilés. Les épreuves se sont mises en place au fil des années, gommant autant que possible les différences entre athlètes valides et ceux atteints d'un handicap.

Des Jeux adaptés

C'est dans un hôpital militaire situé au nord de Londres, à Stoke Mandeville, qu'un neurologue allemand, Sir Ludwig Guttmann, eut l'idée d'organiser des Jeux pour les personnes paraplégiques. Il soignait dans son unité des pilotes de la Royal Air Force de la Seconde Guerre mondiale et profita du fait que les Jeux olympiques se déroulaient à Londres, en 1948, pour imaginer des épreuves de tir à l'arc et de netball, un sport collectif dérivé du basket-ball. Seize vétérans en fauteuil roulant s'affrontèrent et son initiative permit de redonner espoir à ses patients et d'accélérer leur guérison. En 1952 eurent lieu les premiers Jeux internationaux de Stoke Mandeville, et l'équipe britannique fut rejointe par des vétérans néerlandais. Les Jeux seront organisés chaque année, réunissant, en 1960, l'année que l'on considère comme celle des premiers Jeux paralympiques, vingt-trois nations représentées par quatre cents athlètes.

Néologisme

Le mot « paralympique » est composé du préfixe « para » qui, en grec, signifie « à côté », soit en parallèle des Jeux olympiques.

Sémiologie

Le symbole des Jeux paralympiques se compose de trois « *agito* » rouge, bleu et vert qui s'encerclent sur un fond blanc. Chaque *agito* (mot qui signifie « je bouge », en latin) symbolise le mouvement. Ils forment ensemble une figure ressemblant à un croissant de lune montant.

Interprétation

Les trois virgules du drapeau paralympique sont semblables à des « *taegeuk* », un symbole coréen qui représente les principes de l'équilibre dans l'univers, illustrant parfaitement la devise paralympique « L'esprit, le corps, l'âme ».

Valeurs sûres

Les quatre valeurs du mouvement paralympique sont : courage, détermination, inspiration et égalité.

Classifications complexes

La classification des athlètes est définie par une lettre, qui correspond au nom du sport, en anglais, et à un ou deux chiffres signalant le handicap et son degré. En para-athlétisme, par exemple, on retrouve la lettre T pour *track* (courses et sauts) et la lettre F pour *field* (lancers) et en natation la lettre S pour *swim*. Les chiffres sont ensuite définis selon chaque discipline.

Selon le Q.I.

Les athlètes sont considérés comme souffrant d'un handicap mental ou psychique lorsqu'ils présentent une altération significative du fonctionnement intellectuel reconnu par un Q.I. inférieur à 75, avant leurs 18 ans.

Sport spécifique

Inventé en 1946 pour les déficients visuels et les non-voyants, le *goalball* est un sport de ballon qui fait partie des disciplines paralympiques. Comme les degrés de handicap visuel peuvent varier d'un athlète à l'autre, pour que chacun parte dans les mêmes conditions, il se pratique avec un masque occultant et un ballon sonore.

Problèmes d'accessibilité

À la première édition des Jeux paralympiques, officiellement appelée « 9e Jeux internationaux annuels de Stoke Mandeville », à Rome, en 1960, le village n'était pas totalement accessible aux sportifs en fauteuil roulant. Les Italiens eurent alors recours aux appelés du contingent pour porter les athlètes dans les escaliers.

Nouveau nom

Entre 1960 et 1980, les Jeux qui accueillaient les athlètes handicapés portaient officiellement le nom de « Jeux internationaux de Stoke Mandeville ». Le terme « Jeux paralympiques » ne fut utilisé et validé par le CIO qu'à partir de 1984.

En fauteuil, c'est tout

Le basket en fauteuil roulant a fait son apparition au programme officiel des Jeux paralympiques de Rome. Le principe de ce sport est identique au basket pour valides, jusqu'à la hauteur du panier située à 3,05 mètres du sol.

Ciblés

Le para tir à l'arc a fait sa première apparition aux Jeux de 1960. Il existe des épreuves semblables à celles des Jeux olympiques et d'autres pour les archers dont le handicap les empêche de tirer avec un arc classique. Ils utilisent alors un arc à poulies qui leur permet de limiter la force nécessaire pour maintenir la tension de l'arc.

Endurance

La para tireuse australienne Libby Kosmala, née à Adélaïde en 1942, a participé à douze éditions de Jeux paralympiques entre 1972 et 2016. Elle a remporté en tout treize médailles – neuf en or, trois en argent et une en bronze – et était, à 74 ans, la concurrente la plus âgée des Jeux de Rio.

Le sport pour tous

Jusqu'en 1976, les Jeux étaient réservés aux athlètes paraplégiques ou tétraplégiques, en fauteuil roulant. À Toronto, des épreuves furent ouvertes aux athlètes non voyants, malvoyants et amputés, puis au fil des olympiades, aux autres handicaps. Cependant, les sourds et les malentendants ont leur propre compétition multisport, les Deaflympics, aussi appelés Jeux olympiques des sourds. Ils ont été organisés pour la première fois à Paris en 1924, sous l'impulsion d'Eugène Rubens-Alcais, créateur du club cycliste des sourds-muets, du club sportif des sourds-muets de Paris et de la fédération sportive des sourds-muets de France. Les Deaflympics ont lieu tous les quatre ans, avec une édition d'été et une édition d'hiver. Les derniers, en 2021, ont respectivement eu lieu à Caxias do Sul, au Brésil, et en 2019 à Valteline, en Italie. Les prochains Jeux d'hiver se dérouleront en Autriche en 2024 et les Jeux d'été à Tokyo en 2025.

En hiver aussi

Les premiers Jeux paralympiques d'hiver eurent lieu en 1976, à Örnsköldsvik, en Suède. Seuls deux sports étaient au programme : le ski alpin et le ski de fond.

Lien sacré

Les coureurs qui présentent un handicap visuel sont liés à leur guide avec une petite sangle qu'ils s'attachent à la main ou au bras. Pour valider leur course, ce sont les athlètes porteurs de handicap qui doivent passer la ligne d'arrivée en premier.

Des Jeux paralympiques aux olympiques

Après avoir concouru aux Jeux paralympiques où elle décrocha une médaille d'or en individuel, à Arnhem, aux Pays-Bas, en 1980, l'archère néo-zélandaise Neroli Fairhall fut la première femme paraplégique à être sélectionnée pour les Jeux olympiques. Elle participa à ceux de Los Angeles, en 1984, lors desquels elle se classa 35e en individuel.

Le plus grand sportif paralympique de l'histoire

Le volley-ball assis fait partie des Jeux paralympiques depuis 1980 pour les hommes et 2004, pour les femmes. Il se joue par équipes de six. Les joueurs doivent se maintenir en position assise et glisser sur le sol. C'est l'Iranien Morteza Mehrzad qui se distingue dans ce sport avec deux médailles d'or décrochées à Rio, en 2016, et à Tokyo, en 2021. Atteint d'acromégalie, une maladie due à une hypersécrétion d'hormones de croissance, il mesure 2,46 mètres.

Record women

Non-voyante de naissance, la nageuse américaine Trischa Zorn a remporté 55 médailles paralympiques, dont 41 en or, en participant à sept éditions, entre 1980 et 2004. Ce qui fait d'elle l'athlète la plus titrée des Jeux paralympiques.

Tireur élite

Le para tireur suédois Jonas Jacobsson fut l'athlète paralympique le plus décoré. Il comptabilise 30 médailles, dont 17 en or, au cours des dix Jeux consécutifs – d'Arnhem, aux Pays-Bas, en 1980 à Rio, en 2016 – auxquels il a participé.

Outre-Atlantique et outre-Manche

Les Jeux paralympiques de 1984 se déroulèrent conjointement à New York du 16 au 30 juin et à Stoke Mandeville, du 22 juillet au 1er août, où ils furent ouverts par le prince Charles. Ce fut la première et la dernière fois que les Jeux eurent lieu dans deux villes hôtes. Les deux pays organisateurs dominèrent les compétitions avec 276 médailles pour les États-Unis et 240 pour le Royaume-Uni.

Épreuves en moins

L'équitation est inscrite au programme des Jeux paralympiques pour la première fois, à New York, en 1984. Contrairement aux Jeux olympiques où il y a trois disciplines – saut d'obstacles, concours complet d'équitation et dressage – les athlètes ne concourent qu'en dressage para équestre.

Des Jeux olympiques aux paralympiques

L'escrimeur Hongrois Pál Szekeres remporta la médaille de bronze aux Jeux olympiques de Séoul, en 1988, avant d'être victime d'un accident de bus. En 1992, il participa aux Jeux paralympiques de Barcelone et décrocha l'or en escrime en fauteuil roulant.

La course à deux

Le cyclisme sur route est devenu un sport officiel aux Jeux de Séoul et le cyclisme sur piste, aux Jeux d'Atlanta, en 1996. Les athlètes atteints de déficience visuelle concourent sur des vélos tandems avec un « pilote » voyant, placé à l'avant.

Tout pareil

Depuis les Jeux de Séoul et d'Albertville, en 1992, les Jeux paralympiques sont organisés sur les mêmes sites que les Jeux olympiques.

Dans les normes

Le même village accueille les athlètes olympiques et paralympiques. C'est pourquoi il est conçu avec des normes strictes lui permettant d'être accessible à tous, quel que soit le handicap.

Garder le contact

Le para judo est l'un des deux arts martiaux au programme des Jeux paralympiques, avec le para taekwondo. Il a fait son entrée aux Jeux de Séoul pour les hommes, tandis que les femmes durent attendre les Jeux d'Athènes, en 2004, pour y participer. Selon les règles de ce sport réservé aux athlètes souffrant d'une déficience visuelle, les concurrents doivent être en contact permanent en se tenant, dès le départ du combat, par leur *judogi*, tenue de judo.

Second Comité

Créé le 22 septembre 1989, à Düsseldorf, en Allemagne, pour remplacer le Comité international de coordination des organisations mondiales de sport pour les handicapés, le Comité international paralympique (IPC) régit et développe le Mouvement paralympique. Il est chargé d'organiser les Jeux paralympiques d'été et d'hiver et d'accompagner les athlètes.

Balles en fauteuil

Le tennis en fauteuil roulant a été inventé en 1976 par Brad Parks, après qu'il s'est blessé à l'âge de 18 ans, lors d'une compétition de ski acrobatique. Brad Parks a été désigné comme le meilleur joueur de tennis handisport entre 1980 et 1989. Il fut champion en double messieurs à Barcelone, en 1992, l'année où ce handisport fut intégré aux Jeux paralympiques.

Trois épreuves

Absents des Jeux depuis 2000, parce qu'il y avait eu des tricheries, et réintégrés aux Jeux de Londres, en 2012, les athlètes porteurs de handicap intellectuel peuvent concourir dans trois épreuves : l'athlétisme, la natation et le tennis de table.

Précisions

Le 19 juin 2001, le CIO a signé un accord avec l'IPC garantissant et protégeant l'organisation des Jeux paralympiques. Il confirme qu'à partir des Jeux de Beijing, en 2008, les Jeux paralympiques auront lieu toujours peu après les Jeux olympiques et utiliseront les mêmes sites sportifs, installations, villages des athlètes. Il assure également une même prise en charge des frais d'inscription et de déplacement. Ainsi, il est souligné que chaque future ville hôte devra organiser les Jeux olympiques et paralympiques.

Juste après

Les Jeux paralympiques se déroulent quinze jours après les Jeux olympiques. Un temps nécessaire pour adapter toutes les installations.

Ballon sonore

Dérivé du football, le cécifoot oppose deux équipes de cinq joueurs. Le ballon, plus petit et plus lourd, renferme des grelots pour qu'il soit facilement repérable. Depuis son apparition au programme des Jeux paralympiques d'Athènes, en 2004, les équipes brésiliennes ont remporté tous les tournois.

Grande championne

L'athlète paralympique française Assia El Hannouni, qui souffre d'une maladie dégénérative lui ayant fait perdre progressivement la vue, règne sur les pistes d'athlétisme depuis 2004. En trois participations aux Jeux paralympiques – Athènes, Beijing, où elle était porte-drapeau, et Londres –, elle comptabilise dix médailles dont huit en or et deux en argent.

La Suisse à l'honneur

Le Suisse Marcel Hug est le meilleur athlète polyvalent, en fauteuil roulant. Il fut deux fois médaillé de bronze aux Jeux d'Athènes et deux fois médaillé d'argent aux Jeux de Londres. Lors des Jeux de Rio, il décrocha deux médailles d'or au 800 mètres et au marathon, ainsi que deux médailles d'argent au 1 500 mètres et 5 000 mètres. L'année suivante, il remporta plusieurs titres de champion du monde, à Londres, puis au championnat d'Europe de para athlétisme, à Berlin, en 2018 et de Bydgoszcz, en Pologne, en 2021. Aux Jeux de Tokyo, il obtient l'or au 800 mètres, au 1 500 mètres avec encore un record du monde, au 5 000 mètres et au marathon. Enfin, au 40e Ōita International Wheelchair Marathon, toujours au Japon, il bat le record du monde du marathon en fauteuil, en 1 h 17 minutes et 47 secondes établi par un autre Suisse, Heinz Frei, vingt-deux ans auparavant.

Interdit

La para natation est ouverte à toutes les athlètes en situation de handicap physique, mais durant les épreuves le port de prothèse ou l'usage de matériel d'assistance est interdit.

À bout de bras

Lors de la cérémonie d'ouverture des Jeux de Beijing, en 2008, pour allumer la vasque, le champion paralympique chinois d'athlétisme, Hou Bin, se hissa à plusieurs dizaines de mètres du sol, à la force de ses bras. Cela suscita l'étonnement et l'admiration des 90 000 spectateurs présents dans le stade.

Du stade à l'espace

Né en 1981 au sud de la Grande-Bretagne, John McFall perd sa jambe droite à 19 ans, dans un accident de moto en Thaïlande. Loin de se laisser abattre, il se lance dans le sport. Il remporte, entre autres, la Coupe du monde paralympique à Manchester, à l'épreuve du 200 mètres, en 2007, et obtient la médaille de bronze sur le 100 mètres aux Jeux paralympiques de Beijing. Il a travaillé sur l'organisation des Jeux paralympiques de Londres avant d'entamer des études de médecine. Depuis l'obtention de son diplôme, en 2014, il exerce comme orthopédiste et traumatologue. John McFall a été sélectionné par l'Agence spatiale européenne pour rejoindre son programme d'entraînement au terme duquel il pourrait devenir la première personne handicapée à aller dans l'espace.

Ambassadrice du para athlétisme

Marie-Amélie Le Fur a commencé l'athlétisme à l'âge de 6 ans. En 2004, elle est victime d'un accident de scooter et doit être amputée de la jambe gauche, sous le genou. Elle reprend rapidement la compétition et entre 2008 et 2021, elle décroche neuf médailles, dont trois en or.
Elle est, depuis décembre 2018, la présidente du Comité paralympique et sportif français.

Visites touristiques

Aux Jeux de Beijing, pour que les athlètes paralympiques puissent profiter des lieux touristiques, des ascenseurs et des rampes d'accès aux fauteuils roulants furent installés sur la Grande Muraille et l'entrée de la Cité interdite et du Palais impérial ont subi un réaménagement.

Porte-bonheur

Les mascottes des Jeux paralympiques sont parfois différentes de celles des Jeux olympiques et ont souvent une forte connotation historique ou symbolique. C'est notamment le cas de Mandeville, aux Jeux de Londres, en 2012. Comme son frère, elle représente la dernière goutte d'acier utilisée pour la construction du stade olympique, mais son nom fait référence à l'hôpital de Stoke Mandeville, situé dans le comté de Buckinghamshire. C'est là où des soldats de la Seconde Guerre mondiale, blessés à la moelle épinière, participèrent à de premières épreuves sportives en écho aux Jeux de Londres, qui allaient donner naissance aux Jeux paralympiques. À Tokyo, en 2021, Someity, qui vient du mot japonais *someiyoshino*, une variété de cerisier très populaire, mais se prononce comme *so mighty*, si puissant, en anglais, symbolisait la volonté de se dépasser des athlètes paralympiques.

Un exemple de volonté

Déterminée, Nathalie Benoit, atteinte de sclérose en plaques, s'est lancée dans le para aviron. Médaille d'or aux championnats du monde à Hamilton, au Canada, en 2010, puis médaille d'argent à ceux de Bled, en Slovénie, en 2011, elle est sélectionnée pour les Jeux de Londres, qui ont lieu l'année suivante. Elle participe aux épreuves de para aviron en catégorie bras-épaules et remporte une médaille d'argent en se classant seconde en skiff. Entre le 15 juin et le 23 juillet 2013, elle parcourt 1 036 kilomètres à la rame entre Paris et Marseille. Elle participe aux Jeux de Tokyo, en 2021, et remporte une médaille de bronze.

Téléspectateurs au rendez-vous

La chaîne britannique Channel 4, qui détenait les droits de retransmission des Jeux paralympiques de Londres, diffusa plus de 150 heures de programmes en direct. Elle obtint une audience record de 39,9 millions de téléspectateurs, soit 69% de la population du Royaume-Uni.

Récompense méritée

Certains athlètes paralympiques ont besoin d'un guide pour les accompagner durant les épreuves. Aussi, depuis les Jeux de Londres, les guides (para athlétisme) et pilotes (para cyclisme et para triathlon) reçoivent aussi des médailles. En 2021, à Tokyo, par exemple, le sprinteur non-voyant Timothée Adolphe a décroché la médaille d'argent sur le 100 mètres avec son guide, Bruno Naprix.

America latina

En 2016, pour la première fois, les Jeux paralympiques ont lieu en Amérique du Sud, à Rio de Janeiro. En 1968, ils auraient dû se dérouler à Mexico, mais pour des raisons techniques, ils furent organisés à Tel-Aviv, du 4 au 13 novembre, où l'on célébrait le vingtième anniversaire de l'État d'Israël.

Encore plus vite

Aux Jeux de Rio, le coureur de demi-fond paralympique algérien Abdellatif Baka, malvoyant de naissance, a remporté l'or sur le 1 500 mètres en courant en 3 minutes, 48 secondes et 29 dixièmes. Il établit un nouveau record mondial en étant plus rapide de deux secondes que l'Américain Matthew Centrowitz qui était devenu champion olympique un mois plus tôt.

Une force prodigieuse

Aux Jeux de Rio de Janeiro, en 2016, l'haltérophile iranien Siamand Rahman remporte une médaille d'or dans la catégorie des plus de 107 kg, puis il en décroche une seconde aux Jeux de Londres, dans la catégorie des plus de 100 kg, en soulevant 310 kg au développé couché. Un record historique qui fait de lui l'athlète paralympique le plus fort du monde. Siamand Rahman est décédé le 1er mars 2020, d'un arrêt cardiaque.

Pongiste exceptionnel

Victime d'un accident de train alors qu'il était âgé de 10 ans, l'Égyptien Ibrahim Hamato fut amputé des deux bras. Cela ne l'empêcha pas de pratiquer le football, puis le tennis de table. Il a participé à cette épreuve aux Jeux paralympiques de Rio, puis à ceux de Tokyo, en 2021, en tenant sa raquette dans sa bouche et en utilisant son pied droit pour manier la balle.

Itinéraire bis

En 2021, Tokyo devint la première ville à accueillir pour la deuxième fois les Jeux paralympiques, après ceux de 1964, année où était apparu le terme « paralympique ».

Journées des femmes

De toute l'histoire des Jeux paralympiques, c'est à Tokyo qu'il y eut le plus grand nombre d'athlètes féminines. Elles étaient 1782, soit environ 40,5 % des concurrents, contre 38,6 % quatre ans plus tôt, à Rio.

La Chine en tête

Lors des XVIe Jeux paralympiques d'été, à Tokyo, en 2021, les 4400 athlètes paralympiques se sont disputé quelque 540 médailles d'or. Les Jeux ont été dominés par la Chine qui remporte en tout 207 médailles, dont 96 en or. La seconde marche du podium revient au Royaume-Uni, avec 124 médailles, et la troisième aux États-Unis qui décrochèrent 104 médailles. La France est à la quatorzième place du classement des nations avec 54 médailles.

Brillante adolescente

Née avec une déficience congénitale des membres qui la laissa sans avant-bras droit, la nageuse ougandaise Husnah Kukundakwe a commencé la natation quand elle avait 5 ans. Âgée de 14 ans aux Jeux paralympiques de Tokyo, elle était la plus jeune athlète.

Épreuves au féminin

Aux Jeux paralympiques de Paris, qui se dérouleront du 28 août au 8 septembre 2024, on comptera 184 nations participantes, 22 disciplines sportives et 549 épreuves dont 235 d'entre elles seront uniquement féminines, soit huit de plus qu'aux Jeux de Tokyo en 2021. Cela représente 42 % des épreuves, soit 28 % de plus qu'aux Jeux d'Athènes, vingt ans plus tôt.

À l'ombre de la Dame de fer

Les épreuves de cécifoot, à Paris, auront lieu sur le Champ-de-Mars, le jardin situé au pied de la tour Eiffel, qui deviendra temporairement une arène à ciel ouvert.

Un effort de parité

Sur les quelque 4 400 athlètes en lice aux Jeux paralympiques de Paris, il y aura au minimum 1 859 femmes. Au moins 77 de plus qu'à Tokyo et le double des Jeux de Sydney, en 2000, où elles n'étaient que 990.

LES JEUX OLYMPIQUES D'HIVER

Les skis, fabriqués en bois, existaient bien avant notre ère. Les plus anciens, retrouvés en Chine, dateraient de 8 000 ans avant J.-C. Mais ce n'est qu'à la fin du XIXe siècle que sont nés les premiers sports d'hiver tels que nous les entendons aujourd'hui. Ils deviennent à la mode au début du siècle suivant et vont se jouer en parallèle des Jeux olympiques, le plus grand événement multisports du monde.

Les Jeux qui venaient du froid

En 1901, l'officier suédois Viktor Gustaf Black, l'un des premiers membres du CIO et ami de Pierre de Coubertin, organise les Jeux nordiques, à Stockholm. Au programme, entre autres sports, patinage et ski. Ils auront lieu en Suède ou en Norvège tous les quatre ans, jusqu'en 1913, puis en 1922 et 1926. Les éditions suivantes seront annulées en raison de la mort de Black, en 1928, puis de la crise économique et de la Seconde Guerre mondiale. Ils finiront par être abandonnés et les athlètes participeront aux Jeux olympiques d'hiver.

Glisse & co

Dans les années 1920, les sports de glace et de neige sont à la mode. Pour surfer sur cette vague, le CIO décide d'organiser à titre d'essai, entre les mois de janvier et février 1924, une semaine internationale des sports d'hiver, à Chamonix, en Haute-Savoie. Seize pays y participent et c'est un succès. Deux ans plus tard, cette semaine sera reconnue par le CIO comme les premiers Jeux olympiques d'hiver.

Tout schuss

À la première édition des Jeux olympiques d'hiver, on comptait quelque 260 athlètes et six sports au programme : le bobsleigh, le curling, le hockey sur glace, le patinage (artistique et de vitesse), le ski (de fond, saut à ski, combiné nordique) et la patrouille militaire. Ce sport, aussi connu sous le nom de ski militaire, est une course par équipes combinant ski de fond et tir au fusil. Les prémices de ce qui deviendra le biathlon.

Créations artistiques

Les médailles des Jeux d'hiver n'ont contrainte ni de forme ni de matériaux ni de modèle. Ainsi celles des Jeux d'Albertville furent en verre serti d'or, d'argent et de bronze. Elles ont été réalisées à la main, sous la direction de la plasticienne Marie-Claude Lalique, créatrice de la prestigieuse maison française de cristal éponyme. Les médailles de Nagano en 1998, dans la tradition japonaise, étaient principalement en laque.

Et en vitesse

Fils d'un agent d'entretien de la patinoire de Lake Placid, l'Américain Charles Jewtraw pratiqua d'abord ce métier avant de devenir le premier champion olympique des Jeux d'hiver, en 1924. Le 26 janvier, il remporta l'épreuve d'ouverture, le 500 mètres en patinage de vitesse. Un vrai exploit lorsque l'on sait qu'il ne s'était jamais entraîné sur le 500 mètres et avait été malade tout le long de la traversée de l'Atlantique. Après ces premiers Jeux d'hiver, il arrêta sa carrière sportive et devint représentant pour la marque de sport Spalding, puis il travailla dans le grand magasin new-yorkais Macy's et occupa ensuite un poste d'agent de sécurité. Il mourut à Palm Beach en 1996, à l'âge de 95 ans.

En couple

Les patineurs Andrée Joly et Pierre Brunet se sont rencontrés à Paris, en 1924, au Palais des Glaces, alors qu'ils disputaient tous les deux le titre de champion de France individuel. Pierre lui propose de participer ensemble aux Jeux olympiques d'hiver où ils décrocheront une médaille de bronze en couple artistique. Aux Jeux suivants, en 1928, ils seront champions olympiques. Ils se marieront en 1929 et concourront de nouveau aux Jeux de 1932 où ils conserveront leur titre. Ils resteront invaincus jusqu'en 1936. Entré dans la légende, le couple s'installera aux États-Unis où il donnera des spectacles sur glace, puis tous deux deviendront entraîneurs.

Pluie de médailles

Le patineur de vitesse finlandais Clas Thunberg fut l'athlète le plus médaillé de la première édition des Jeux d'hiver. Il remporta cinq médailles, dont trois en or.

Vent de fraîcheur

Les Jeux suivants auront lieu à Saint-Moritz, en Suisse, en 1928. Jusqu'en 1992, les Jeux olympiques d'hiver se déroulaient la même année que les Jeux olympiques d'été, mais en 1986, le CIO a décidé que les Jeux d'hiver et les Jeux d'été se feraient en alternance sur les années paires d'un cycle de quatre ans. Ainsi les Jeux d'hiver se passèrent à Lillehammer, en Norvège, en 1994, et les Jeux d'été à Atlanta, aux États-Unis, en 1996.

Victoires et nouveau *dress code*

Né dans une famille de sportifs – son père Wilhelm Henie fut champion du monde de cyclisme sur piste en 1894 et participa au championnat d'Europe de patinage de vitesse en 1893 – la Norvégienne Sonja Henie décrocha trois médailles d'or en patinage artistique lors des Jeux de 1928, 1932 et 1936. Elle sera la première à pratiquer des mouvements de danse et à porter une jupe courte lors des compétitions. Après sa carrière sportive, elle deviendra actrice pour le music-hall et Hollywood.

Planté du bâton

Le ski alpin a fait son apparition en 1936, aux Jeux olympiques d'hiver de Garmisch-Partenkirchen, en Allemagne, inaugurés par Adolf Hitler et son salut nazi de rigueur. Le combiné masculin et féminin a été remporté par deux Allemands, Franz Pfnür et Christl Cranz.

Sport études

Les athlètes des Jeux d'hiver étaient logés à l'hôtel jusqu'à ce qu'un premier village olympique soit construit à Oslo, en Norvège, en 1952. Les logements furent ensuite transformés en résidences étudiantes, encore utilisées aujourd'hui.

Flamme norvégienne

La flamme olympique des Jeux d'hiver fut allumée pour la première fois en 1952, aux Jeux d'Oslo. À la différence de celle des Jeux d'été, elle ne venait pas d'Olympie, mais de Morgedal, en Norvège, où était né Sondre Norheim (1825-1897), le pionnier du ski moderne.

Aïe aïe aïe

Aux Jeux d'Oslo, le skieur alpin grec Antoin Miliordos chute dix-huit fois. Las, il décide de terminer l'épreuve sur les fesses et franchit la ligne d'arrivée de dos.

Voix de femme

C'est aux Jeux d'hiver de Cortina d'Ampezzo, en 1956, que pour la première fois, le serment olympique a été prêté par une femme, la skieuse alpine italienne Giuliana Chenal-Minuzzo. La jeune femme de 24 ans avait remporté une médaille de bronze en descente, en 1952, aux Jeux d'Oslo et elle en obtiendra une seconde, mais cette fois en slalom géant, aux Jeux de Squaw Valley, en 1960.

Cérémonies animées

Les cérémonies d'ouverture et de clôture des Jeux d'hiver de Squaw Valley, aux États-Unis, en 1960, ont été mises en scène par le père de Mickey Mouse, Walt Disney. Entre les sculptures de neige inspirées de celles qui étaient sur le site d'Olympie, on avait construit une tour de 25 mètres sur laquelle figuraient tous les drapeaux des pays participants.

Avant les barreaux

Le village olympique des Jeux d'hiver de Lake Placid, aux États-Unis, en 1980, a été transformé en prison, l'établissement correctionnel fédéral Ray-Brook. Les anciens dortoirs servent de cellules et la salle de jeux est désormais utilisée comme chapelle.

Hiver comme été

En 1988, l'Allemande de l'Est Christa Luding-Rothenburger remporta deux médailles en patinage de vitesse aux Jeux de Calgary et décrocha la médaille d'argent en cyclisme sur piste à Séoul. Elle devint ainsi la première athlète à cumuler des médailles olympiques aux Jeux d'hiver et aux Jeux d'été, la même année.

L'amour du sport

Le prince Albert II de Monaco a participé cinq fois aux Jeux olympiques d'hiver, à Calgary, en 1988 ; à Albertville, en 1992 ; à Lillehammer, en 1994, à Nagano, en 1998 et à Salt Lake City en 2002, en tant que membre de l'équipe monégasque de bobsleigh. Il fut aussi trois fois porte-drapeau et il est membre du CIO depuis 1985. Son épouse, la princesse Charlène, a concouru aux Jeux de Sidney, en 2000, dans l'équipe du 4 × 100 m quatre nages, représentant l'Afrique du Sud. L'équipe sera classée cinquième. Ce sera aux Jeux olympiques de Turin, en 2006, que l'on verra le couple ensemble pour la première fois.

Décalage

Les Jeux olympiques d'hiver d'Albertville, en France, en 1992, furent suivis deux ans plus tard par les Jeux olympiques de Lillehammer, en Norvège. Pour la première fois, on ne respecta pas l'olympiade, afin de pouvoir décaler les Jeux d'hiver des Jeux d'été.

Encore plus haut

En 2013, la flamme olympique fait un voyage à bord d'un vaisseau Soyouz russe, frappé des cinq anneaux et du symbole des Jeux de Sotchi, jusqu'à la station spatiale internationale.

Trop, c'est trop

Les Jeux d'hiver de Sotchi, en 2014, sont tristement célèbres en raison d'un dopage en masse. La commission de discipline du CIO a disqualifié 43 athlètes de l'équipe russe et leur a retiré treize médailles sur trente-trois. Certains furent suspendus et ne pouvaient plus se présenter aux Jeux olympiques jusqu'à 2022 inclus, tandis que d'autres ont été radiés à vie.

Next

Les prochains Jeux olympiques d'hiver se dérouleront en 2026, à Milan, en Italie.

Nada

Aucune ville d'Amérique du Sud ni d'Afrique n'a encore accueilli les Jeux olympiques d'hiver.

Les Jeux olympiques d'été

Année	**Ville**	**Pays**	**Continent**
1896	Athènes	Grèce	Europe
1900	Paris	France	Europe
1904	Saint-Louis	États-Unis	Amérique
1908	Londres	Royaume-Uni	Europe
1912	Stockholm	Suède	Europe
1920	Anvers	Belgique	Europe
1924	Paris	France	Europe
1928	Amsterdam	Pays-Bas	Europe
1932	Los Angeles	États-Unis	Amérique
1936	Berlin	Allemagne	Europe
1948	Londres	Royaume-Uni	Europe
1952	Helsinki	Finlande	Europe
1956	Melbourne	Australie	Océanie
1960	Rome	Italie	Europe
1964	Tokyo	Japon	Asie
1968	Mexico	Mexique	Amérique

Année	Ville	Pays	Continent
1972	Munich	Allemagne de l'Ouest	Europe
1976	Montréal	Canada	Amérique
1980	Moscou	Union soviétique	Europe
1984	Los Angeles	États-Unis	Amérique
1988	Séoul	Corée du Sud	Asie
1992	Barcelone	Espagne	Europe
1996	Atlanta	États-Unis	Amérique
2000	Sydney	Australie	Océanie
2004	Athènes	Grèce	Europe
2008	Beijing	Chine	Asie
2012	Londres	Royaume-Uni	Europe
2016	Rio de Janeiro	Brésil	Amérique
2020	Tokyo	Japon	Asie
2024	Paris	France	Europe

Bibliographie

La bibliographie n'est pas exhaustive. Elle se limite aux ouvrages et aux sites internet qui furent les plus déterminants pendant mes recherches.

BALLHEIMER David et OXLADE Christopher, *Les Jeux olympiques*, Paris, Gallimard Jeunesse, 2004.

BERMOND Daniel, *Pierre de Coubertin*, Paris, Perrin, 2008.

BILLIOUD Jean-Michel et BONE Buster, *Les Jeux olympiques – Questions/Réponses*, Paris, Nathan, 2016.

CHOLLET Philippe, *Dicolympique Tout sur les JO*, Biarritz, Atlantica, 2009.

CORBINEAU Antoine et ALLEN Scott, *À vos marques, prêts, partez ! Le guide des Jeux olympiques et paralympiques*, Paris, Père Castor, 2021.

FINLEY Mose I. et PLEKET H. W. *1 000 ans de jeux Olympiques 776 av. J.-C./261 ap. J.-C.*, Paris, Perrin, « Tempus » (coll.), 2008.

GIFFORD Clive, *Jeux olympique Le guide passion*, Paris, Nathan, 2004.

GOSCINNY René et UDERZO Albert *Astérix aux Jeux olympiques*, Paris, Hachette Asterix, 2005.

HACHE Françoise, *Jeux Olympiques : La flamme de l'exploit*, Paris, Découvertes Gallimard, 2008.

LOPEZ Brice, *Les Jeux olympiques antiques*, Noisy-sur-École, BUDO, 2010.

WIÉNER Magali, *Les Jeux olympiques d'hier à aujourd'hui*, Paris, Flammarion, « Castor Doc » (coll.), 2021.

Sites internet

https://olympics.com
www.paris2024.org
www.dicolympique.fr
https://france-paralympique.fr
www.eurosport.fr

Imprimé en France par CPI Firmin-Didot
en février 2024
N° d'impression : 178833
ISBN : 978-2-38015-920-2
Dépôt légal : mars 2024